新时代中华传统文化知识丛书

中华瓷器文化

李燕 罗日明 主编

海豚出版社
DOLPHIN BOOKS
CICG 中国国际传播集团

图书在版编目（CIP）数据

中华瓷器文化 / 李燕, 罗日明主编 . -- 北京 : 海豚出版社, 2025.3. -- (新时代中华传统文化知识丛书). -- ISBN 978-7-5110-7287-0

I. K876.3-49

中国国家版本馆 CIP 数据核字第 2025GT3906 号

新时代中华传统文化知识丛书

中华瓷器文化

李　燕　罗日明　主编

出 版 人	王　磊
责任编辑	张　镛
封面设计	薛　芳
责任印制	蔡　丽
法律顾问	北京市君泽君律师事务所　马慧娟　刘爱珍
出　　版	海豚出版社
地　　址	北京市西城区百万庄大街24号
邮　　编	100037
电　　话	010-68325006（销售）　010-68996147（总编室）
印　　刷	天津睿意佳彩印刷有限公司
经　　销	新华书店及网络书店
开　　本	710mm×1000mm　1/16
印　　张	9.5
字　　数	80千字
印　　数	3000
版　　次	2025年3月第1版　2025年3月第1次印刷
标准书号	ISBN 978-7-5110-7287-0
定　　价	39.80元

版权所有，侵权必究

如有缺页、倒页、脱页等印装质量问题，请拨打服务热线：010-51059905

序　言

　　瓷器是指用瓷石、高岭土、石英石、莫来石等为原料制坯，于表面施加釉料、纹饰后，入窑高温烧制而成的器物。瓷器是中国古代劳动人民的一项伟大发明，由此衍生出的瓷器文化，更是中华传统文化的重要组成部分。

　　中国是瓷器的故乡，也是瓷器文化的发源地。中国古代曾出现过许多优秀的瓷艺匠人，他们对制瓷工艺的不懈钻研，不仅大大提升了瓷器的实用价值，而且赋予了瓷器极高的观赏价值。中国古代的瓷器，可以说是实用性与观赏性的完美结合。中华传统的瓷器文化，则是古代手工业技术与艺术审美的综合体现。

　　中华瓷器文化源远流长，博大精深，又具有极强的专业性。为了让更多人了解和欣赏中国古代瓷器，传承中华瓷器文化，我们编纂了这本《中华瓷器文化》。

　　全书共六章。第一章介绍了中华瓷器的发展史。中华瓷器的发展史，也是中华瓷器文化的进化史。第二章到第五章，分别介绍了中华瓷器文化的四个重要组成部分——器型、釉彩、题记和纹饰。这些造型和装饰使得瓷器更加精美，使其实用价值和艺术价值得到了极大提高。第六章介绍了中国古代著名瓷窑。从唐代最具代表性的邢窑、越窑到元明清时期的制瓷业龙头景德镇窑，每个名窑都承载着所处时代、地域最为灿烂的中华瓷器文化。

　　由于笔者水平有限，书中难免会有疏漏之处，恳请各界学者不吝指正，在此表示感谢。

目 录

第一章 中华瓷器发展史

一、陶与瓷的关系 / 002

二、"瓷器鼻祖"原始青瓷 / 005

三、承前启后的"东汉瓷" / 009

四、唐代的"南青北白" / 012

五、宋代名窑 / 016

六、元代青花瓷的兴起 / 019

七、明代瓷都景德镇 / 022

八、中华瓷器的"黄金时代" / 025

第二章 中华瓷器的丰富器型

一、中华瓷器器型概述 / 030

二、食器与盛器 / 033

三、饮器与水器 / 036

四、乐器与文具 / 040

五、服御器与其他实用器 / 043

六、明器与礼器 / 046

第三章　中华瓷器的绚烂釉彩

一、中华瓷器釉彩概述 / 050

二、颜色釉 / 053

三、花色釉 / 056

四、结晶釉 / 059

五、低温色釉 / 062

六、釉上彩 / 065

七、釉下彩 / 068

八、斗　彩 / 071

第四章　中华瓷器的多样题记

一、中华瓷器题记概述 / 076

二、纪年款题记 / 079

三、室名款题记 / 082

四、仿写款题记 / 085

五、陶人款题记 / 088

六、诗文款题记 / 091

七、赞歌款与花样款题记 / 094

第五章　中华瓷器的精美纹饰

一、中华瓷器纹饰概述 / 098

二、动物纹 / 101

三、植物纹 / 104

四、人物纹 / 107

五、几何纹 / 110

六、吉祥纹 / 113

第六章　中国古代著名瓷窑

一、中国古代瓷窑概述 / 118

二、邢窑与越窑 / 121

三、哥窑与定窑 / 125

四、汝窑与钧窑 / 128

五、磁州窑与耀州窑 / 131

六、龙泉窑与德化窑 / 134

七、北宋官窑与南宋官窑 / 137

八、景德镇窑 / 140

第一章

中华瓷器
发展史

一、陶与瓷的关系

我们日常所说的陶瓷，泛指各种由黏土、长石、石英等天然原料混合、成型、干燥、高温烧制而成的耐水、耐火、坚硬的材料和制品，是陶器和瓷器的总称。瓷器由陶器发展而来，但和陶器有本质的区别。

制陶术的发明和改进，是发明瓷器的基础。在制作陶器的过程中，人们通过不断地尝试新的原材料和烧制技术，总结出了宝贵的经验，并将它们传承下来。一代代陶艺匠人经过不懈努力，终于创造出实用性和美观度都远超陶器的瓷器。

陶器和瓷器的区别，主要有六个方面，分别为：原料、釉料、烧成温度、胎体、坚硬程度、透明度。

在原料方面，陶器以黏土、陶土为主，只有少数陶种如白陶、印纹硬陶等会添加瓷石和高岭土。瓷器的原料以

第一章　中华瓷器发展史

瓷石或高岭土为主，兼有少量的长石、石英石、莫来石，基本不含黏土、陶土。

在釉料方面，陶器有施釉和不施釉两种，施釉的陶器所用的釉料基本为低温釉。瓷器普遍都会施釉，所用的釉料为高温釉。

在烧成温度方面，陶器的烧成温度普遍较低，大多在800～1200℃，温度过高胎体会熔化变形。瓷器的烧成温度普遍在1200℃以上，最高可达1400℃。

在胎体方面，陶器胎体普遍硬度较低，质地疏松粗糙，无论厚薄均不透光，叩击时会发出比较沉闷的声音，胎色有黑、白、红、灰等多种色调。瓷器胎体普遍硬度较高，质地致密光滑，叩击时会发出清脆的声音，胎色有灰白、米黄、纯白等。

在坚硬程度方面，陶器的硬度较低，用金属物体可划出沟痕；瓷器的硬度较高，金属物体难划出沟痕。

在透明度方面，陶器几乎不透明，而瓷器具有半透明的特点。

陶器起源于新石器时代，距今已有大约两万年的历史。制陶业在商周时期已经发展成熟，到西汉时已经非常繁荣了。而瓷器起源于商代，至今只有3000余年的历史。制瓷业到东汉时逐渐成熟，唐宋时才进入繁荣阶段。

　　瓷器出现以后的很长一段时间里，陶器与瓷器并行发展，两个品类中都出现了不少珍品，如绚烂辉煌的唐三彩、纯净莹润的白瓷等。到了现代，陶器在我们日常生活中已经很少见到，大多是作为工艺品收藏，瓷器的生命力则依旧顽强，几乎家家户户都在使用瓷质的杯盘碗碟。

二、"瓷器鼻祖"原始青瓷

原始青瓷是世界上最早的瓷器，主要存在于中国商周至秦汉时期，一度被称为"釉陶""青釉器"等。在胎体材料、表面釉料、烧成温度等方面，原始青瓷已经与陶器有本质区别。人们之所以将这种瓷器称为"原始青瓷"，是因为它釉色青黄，与后世的青瓷相近，但在瓷土纯净度、瓷釉光泽度等方面还未能达到成熟青瓷的标准。

原始青瓷出现于商周时期，由印纹硬陶发展而来，是陶向瓷过渡时期的产物。原始青瓷最初发现于河南郑州二里岗下层文化遗址与湖北黄陂盘龙城的商代中期墓中，河南安阳殷墟、河南辉县琉璃阁、山东济南大辛庄、河北藁（gǎo）城及江西清江吴城等商代晚期遗址中也都有出土。

原始青瓷器的制作流程为：先用瓷石塑成器胎，然后在器胎的表面施石灰釉，最后送入窑中用1200℃左右的高温焙烧。胎体在烧结后明显比陶器更加坚实致密，气孔率和吸水率都比陶器低，叩击时能发出较为清脆的声音，器表有玻璃质的釉层。

由于原始青瓷炼泥较粗，且多采用泥条盘筑法塑胎，因此器物造型没有成熟的青釉瓷器那么规整，胎体普遍厚薄不均。此外，原始青瓷的施釉手法较为原始，烧成温度较低，导致表面的釉层普遍较薄且不够均匀，釉色也不太稳定，无法烧出纯正的青色。

我国的各大博物馆中，收藏有很多原始青瓷器文物。故宫博物院中收藏的原始瓷青釉弦纹罐、原始瓷青釉划花双系罐、原始瓷青釉划花双系壶，分别代表着不同时期的原始青瓷。

原始瓷青釉弦纹罐出自商代，高31.4厘米，口径20厘米，底径9.3厘米。此罐底部为小平底，腹部呈弧线形，从底部向上方、外侧延伸，直至肩部内折。其肩部为溜肩样式，表面饰有凸起弦纹及锯齿纹，共10道。肩

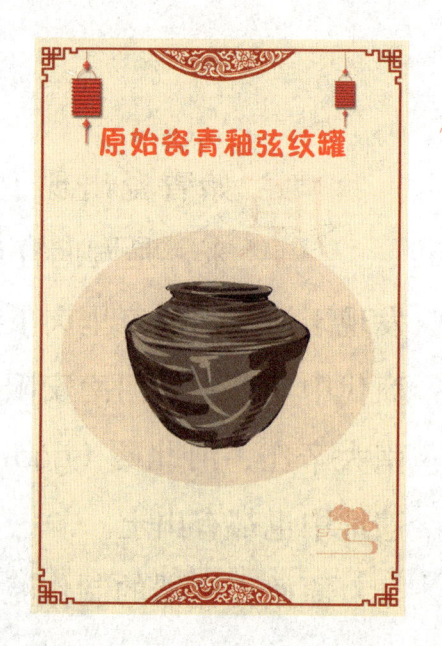

上出短颈部，口沿向外翻折，口沿内外饰有弦纹。另外该种瓷罐造型简单，罐身表面施青釉，釉层较薄且不均匀，釉色呈黄绿色至黄褐色，是典型的商代原始青瓷。

原始瓷青釉划花双系罐出自西周，高 13.1 厘米，口径 8.4 厘米，底径 8.3 厘米。此罐造型类似鱼篓，口和底较小，腹部较大，均为西周早期原始青瓷器的造型特征。罐底部为圈足，腰部收束，腹部于最凸处内折。肩部向上方、内侧收束，延伸出敛口。肩部两侧各置一横系，可供穿绳。罐身表面施青釉，釉层相对厚一些，釉色呈黄绿色。

原始瓷青釉划花双系壶出自西汉，高 32.5 厘米，口径 14.2 厘米，底径 13.6 厘米。此壶底部略微内凹，腹部圆鼓，呈弧形向上下延伸。肩部为溜肩样式，饰有划花变形凤鸟纹。壶颈较长，瓶口外撇。在壶腹、壶颈、壶肩处，还饰有五道弦纹。此壶造型古朴，纹饰简练，壶身表面施青釉，釉层较厚且较均匀，釉色呈黄褐色，是西汉原始青瓷向东汉成熟青瓷过渡时期的产物。

瓷器是先民在长期生产实践中对陶器不断创新工艺、提升质量的产物，也是陶器发展到最高阶段的产物。由于瓷器的使用性能优于陶器，且生产成本低于铜器，逐渐得到人们的认可和喜爱。随着生产规模和适用领域不断扩大，瓷器在社会和生活中的重要性也日益彰显。可以说，瓷器的出现和使用不仅提高了人们的生活水平，也对世界文明的发展作出了重大贡献。

三、承前启后的"东汉瓷"

原始青瓷出现后，经过了 1000 多年的漫长发展，直到东汉时期，制瓷工艺才取得了重大突破，出现了成熟的青釉瓷器。成熟青瓷是真正意义上的瓷器，它的出现，标志着中国制瓷业进入了一个新的时代。

东汉在中国瓷器史上是一个承前启后的时代。经过漫长的时间，中国的瓷器逐渐从原始青瓷中脱离出来，变为成熟的青釉瓷器。这个时期制瓷工艺的发展，为魏晋南北朝时期青瓷的流行奠定了基础，同时也催生了早期白瓷。

东汉中期，制瓷工艺在各方面已经有了很大进步，如塑胎多采用快轮拉坯工艺，使胎体变得薄而均匀，器型变得规整、圆润、饱满；施釉多采用浸釉法，使釉层变得均匀通透，釉色变得纯正干净；瓷窑的温度提高，使烧结性能也随之提高，瓷器的胎体变得更加坚实细腻，胎釉结合牢固，脱釉情况基本消失。这一阶段烧制出的青瓷，质量已经远高于原始青瓷，但与成熟的青瓷相比仍有一定的差距。

东汉晚期，制瓷工艺得到进一步发展和完善，出现了真正意义上的成熟青瓷。这时的瓷窑已经可以达到1260～1310℃的高温，且密封性明显提高。在这种环境下，釉料中的氧化铁被还原为氧化亚铁，青瓷的釉色因而变得纯正。

这一阶段烧制出的青瓷胎体质地紧密，透光性好，气孔率和吸水率低。瓷器表面大多通体施釉，釉层莹润透明，釉色纯正均匀，具有较高的光泽度。与此同时，随着原料选择标准的提高和淘练工艺的进步，瓷胎和釉料中铁元素的含量逐渐降低，瓷器表面开始呈现出灰白色，这便是早期的白瓷。

三国魏晋南北朝时期，瓷窑数量有所增加，青瓷的质量得到进一步提高，器型也越来越丰富。北齐时期，又出现了工艺更进一步的初期白瓷。不过这些初期白瓷的釉色多为不太纯净的乳白色，釉层较厚处往往泛青，与成熟的白瓷相比还有较明显的差距。

下面以故宫博物院收藏的青釉刻划弦纹双系瓷壶、青釉堆塑五联瓷罐为例，简单介绍东汉时期的瓷器。

第一章 中华瓷器发展史

青釉刻划弦纹双系瓷壶是一件典型的刚从原始青瓷中脱离出来的青釉器。此壶高24.5厘米，口径11.5厘米，底径9厘米。壶底部为平底；腹部鼓起，圆润饱满，饰有密集的弦纹；肩部为溜肩样式，上有左右对称的两个竖系，可供穿绳；颈部略长，向内收束，上出洗口。颈部和肩部均饰有水波纹。壶身内外壁均施青釉，但外壁施釉止于壶腹的下半部，未及底。与原始青瓷相比，此壶胎体更薄，釉层更均匀，釉色更纯净，但还未达到成熟青瓷的标准。

青釉堆塑五联瓷罐可以称得上是一件成熟的青釉瓷器。此罐高46.5厘米，口径6.4厘米，底径16.5厘米。罐的主体为三节葫芦形，平底，束腰，腰部堆塑有熊、龟和蜥蜴。下腹部饰有四道弦纹，上腹部为两节葫芦形，周围堆塑有四个小罐。罐身施釉止于腹部，腹部下有数道流釉，釉色纯净，有较好的光泽度。

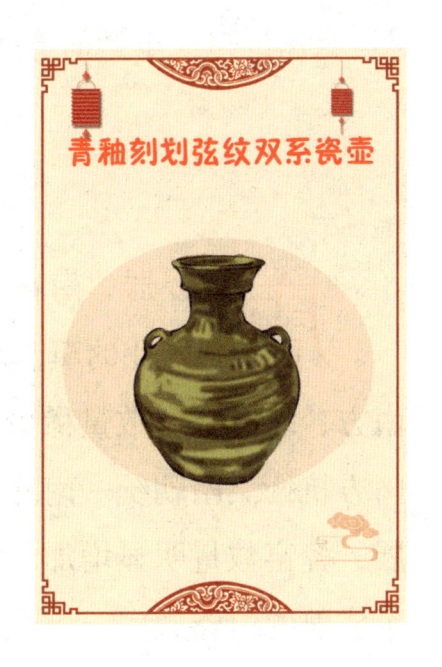

青釉刻划弦纹双系瓷壶

上述两种青釉瓷器，恰好印证了瓷器在东汉时期从原始青瓷进化为成熟青瓷的演变过程。

四、唐代的"南青北白"

唐代的制瓷工艺在隋代青瓷、白瓷的基础上蓬勃发展，瓷器得到了大范围的普及，制瓷业极为兴盛。开元年间，浙江慈溪越窑出产的青瓷如冰似玉，河北内丘邢窑出产的白瓷如银似雪，二者平分秋色，形成了"南青北白"的格局。

唐代瓷器"南青北白"格局的形成，离不开隋代制瓷业的奠基。在隋代以前，瓷窑主要集中在南方，北方瓷窑数量稀少，制瓷工艺也相对落后，无法与南方抗衡。隋朝统一南北后，北方制瓷业得到了飞跃式发展，瓷窑数量明显增加，制瓷工艺迅速提升，最终孕育出了成熟的白瓷。

隋末唐初，由于多年战乱，生产力受到严重破坏，瓷器发展近乎停滞。这个阶段，中国烧制的瓷器主要还是青瓷，种类和造型变化不大，胎质灰白，釉色青黄。作为白瓷代表的邢窑生产较为低迷，质量也没有明显提升。

贞观至开元年间，社会相对安定，生产力逐渐恢复，国家对外贸易越来越频繁，货币流通量剧增。为保证有足够的铜来铸造货币，朝廷下令禁止用铜铸造生活用具，原属于铜器的部分位置被瓷器所占据，瓷器的需求量大大增加。同时，朝廷对手工业的发展也更加重视，设置了将作监、少府监等官方机构，这对制瓷工艺的规范化发展起到了一定的推动作用。

中唐以后，饮茶之风开始盛行。人们对茶具的需求又进一步促进了制瓷业的繁荣。

晚唐时期，制瓷所需原材料的选取、粉碎、淘洗已经非常精细，制釉、施釉、烧成工艺也有了很大的改进。这一阶段的青瓷已趋于繁盛，白瓷的烧制工艺也有了很大发展，同时还有黑瓷、黄瓷、花瓷、绞胎瓷、釉下彩等。在数量上，青瓷仍占有绝对的优势，但在质量上，白瓷已经与青瓷不相上下。

随着瓷窑越来越多，制瓷工艺越来越精，不同地区的瓷窑开始发展出不同的风格体系。为了便于划分不同地区的瓷窑，人们开始在瓷窑之前加上地名，比如，越窑、邢窑、定窑、长沙窑、洪州窑等。这些瓷窑烧制的瓷器，争芳斗艳，最具特色的当属南方越窑的青瓷和北方邢窑的白瓷。

越窑青瓷以"如冰似玉"著称，其釉面精致无比，造型典雅，式样繁多。

邢窑白瓷以"洁白坚致""似雪类银"著称，在唐代时最为鼎盛，且形成了一定的规模。它的出现，改变了中国一向以青瓷为主的局面，使得邢窑与越窑并驾齐驱、平分秋色，形成了"南青北白"的格局，为唐以后白瓷的崛起和彩瓷的发展奠定了基础。

在此，以故宫博物院收藏的越窑青釉执壶、邢窑白釉玉璧形底碗为例，来介绍唐代的瓷器。

越窑青釉执壶是唐代越窑青瓷的代表作品，高13.4厘米，口径5.9厘米，足径7.3厘米。执壶主体为撇口，短颈，溜肩，浅圈口，圈足上留有五个支烧痕。颈部一侧有八棱短流，另一侧有曲柄。执壶内外施釉，釉色青中闪黄，釉面有细小的纹片。

越窑青釉执壶

邢窑白釉玉璧形底碗是唐代邢窑白釉碗的代表作品，高4.7厘米，口径15.6厘米，足径6.7

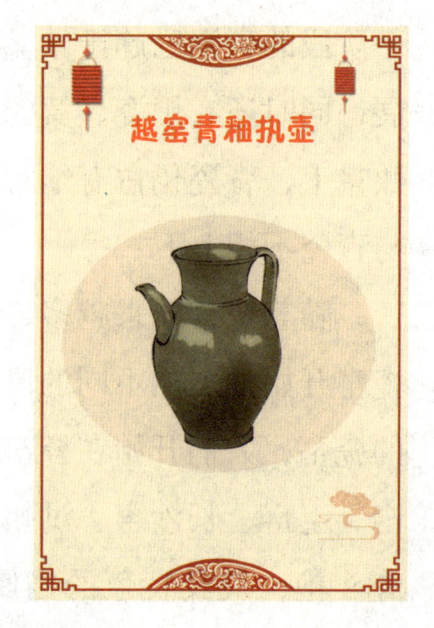

厘米。碗底为玉璧形，腹部微弧，斜向上延伸出唇口。此碗胎体厚重坚实，碗身施釉至足墙，光素无纹饰，釉质莹润，釉色洁白。

唐代陶瓷虽有"南青北白"之说，但这是针对整个陶瓷的发展情况而言。实际上，除了青、白瓷之外，唐代还有"釉下彩瓷""花瓷"等新品种，唐三彩也是其制瓷工艺的重要组成部分。

五、宋代名窑

五代十国时期，战乱频发，制瓷业的发展受到打击，瓷窑数量减少，制瓷工艺发展缓慢。到宋代时，虽然边境仍与辽、金、西夏对峙，但国内社会相对稳定，制瓷业得以迅速发展，形成了名窑林立的局面，达到了中国瓷器史上的一个高峰。

宋代商业的全面繁荣，促使朝廷放松了对手工业的管制，制瓷业有了更丰富的发展方向。在这个时期，瓷窑几乎遍布全国各地，瓷器造型丰富多样，釉色品种百花齐放，装饰手法齐头并进，制瓷业"南青北白"的格局被彻底打破，名窑林立的局面正式形成。

从北宋建国至南宋灭亡的三百余年中，江南地区和北方地区的制瓷工艺都取得了很高的成就，也出现了极具代表性的一系列名窑。

江南地区制瓷工艺取得的成就主要有：选用优质瓷土，

第一章 中华瓷器发展史

提高了瓷器的整体质量；扩大窑炉体积，提高了瓷器的整体产量；开创了粉青釉和梅子青釉，将青釉瓷器推向新的高度；在釉面装饰工艺上进行了大量创新和改进，烧出了黑瓷、青白瓷、玳瑁釉瓷、剪纸贴花瓷等精美瓷器。

江南地区的名窑有：南宋官窑、南宋哥窑、浙江越窑、浙江龙泉窑、江西吉州窑、江西景德镇窑、湖南衡山窑、福建建窑、福建同安窑、福建泉州窑等。

北方地区制瓷工艺取得的成就主要有：发现了铜红釉并将其应用到瓷器生产中，丰富了釉色品种，为后世红釉瓷器的发展打下了基础；开创并推广覆烧工艺，降低了燃料成本，提高了瓷窑的空间利用率和瓷器的产量；改进了印花装饰工艺，开创并完善了刻花装饰工艺。

北方地区的名窑有：河南汝窑、河南钧窑、河南登封窑、河北定窑、河北磁州窑、山东淄博窑、山西介休窑、陕西耀州窑等。

根据各地区瓷窑出产瓷器的不同风格和在制瓷业取得

的突出成就，后人从宋代众多的瓷窑中评选出了八大窑系和五大名窑。

八大窑系分别是江南地区的越窑系、建窑系、龙泉窑系、景德镇窑系和北方地区的定窑系、钧窑系、耀州窑系、磁州窑系。越窑系和龙泉窑系主烧青瓷，建窑系主烧黑瓷，景德镇窑系主烧青白瓷，定窑系主烧白釉印花瓷，钧窑系主烧青釉红斑瓷，耀州窑系主烧黑瓷、白瓷、青瓷，磁州窑系主烧黑瓷、白瓷、白地黑褐彩绘瓷。

五大名窑有两种说法，一说为柴窑、汝窑、官窑、哥窑、定窑，一说为汝窑、官窑、哥窑、定窑、钧窑。由于未发现柴窑窑址和相关瓷器，目前多采用第二种说法。五大名窑的瓷器各有特色，汝窑瓷器庄重大方；官窑瓷器古朴典雅；钧窑瓷器规整对称；哥窑瓷器金丝铁线，极尽开片之美；定窑瓷器刻印划剔，尽显装饰之精。

宋代名窑林立、名瓷迭出，在中国瓷器史上，是一个承上启下的重要历史时期，也是我国瓷器发展的重要阶段。

六、元代青花瓷的兴起

青花瓷，又称"白地青花瓷"，是一种釉下彩瓷器。青花瓷最早烧制于唐代，五代十国和两宋时期一度陷入低迷，到元代时才重新兴起并发展成熟，成为中国古代主流的瓷器品种之一。

宋元之际，北方战乱不断，社会生产力的发展受到极大破坏，曾经闻名一时的窑厂相继衰落甚至停产。为躲避战乱、谋求生存，人们大多逃到相对稳定的江南地区，其中就包括大批瓷艺匠人。北方窑厂的衰落和瓷艺匠人的南迁，使北方制瓷业受到严重打击，中国制瓷业的重心逐渐南移。

元朝统治者对制瓷业颇为重视，在统一中原前夕，便在景德镇设立了浮梁瓷局，为景德镇成为全国制瓷业的中心打下了基础。完成统一后，元朝统治者设立"瓷课"，将瓷器的税收作为国家财政收入的重要组成部分。同时，元朝统治者还针对优秀瓷艺匠人推出了一些优待政策，如免除官方瓷匠的各种差役，允许官方瓷匠的职位世袭等。这些政策进一步推动了制瓷工艺的发展。

在之后的数十年间，社会恢复到相对安定的状态，制瓷业逐渐复苏，并得到进一步发展。尽管北方地区大批名窑已毁于战火，但江南地区留存下来的名窑由于吸纳了北方的瓷艺人才，在制瓷工艺上又取得了一系列新的成就。

元代制瓷业最大的成就，当属釉下彩绘瓷器和单色釉瓷器的发展。取得成就最大的瓷窑，自然是景德镇窑。在继续烧制青白瓷的同时，景德镇窑的优秀瓷艺匠人创烧了釉里红瓷和卵白釉瓷，完善了青花瓷的烧制工艺。

元代的青花瓷器型丰富，以罐、大盘、梅瓶、高足杯、玉壶春瓶为主，兼有鼎、水盂、香炉、观音、执壶、扁壶、凤流壶、梨式壶、大碗、高足碗、菱口盘、蒜头瓶、戟耳瓶、兽耳瓶、塔式盖瓶、四系扁瓶等。

相较于宋代瓷器，元代青花瓷普遍体积较大，胎体较厚重，纹饰层次分明，多而不乱。元代

元代青花瓷器

青花瓷的这些新特征，体现了元代制瓷工艺的进步。

在元代以前，景德镇瓷器的胎土大多采用"一元配方法"，即只用粉碎的瓷石。瓷石的主要成分是石英和绢云母，只能耐受1200～1250℃的温度。这就导致大件瓷器在高温烧制的过程中容易变形，且釉层较薄，光泽度较低，釉面的显色效果不佳。

元代瓷艺匠人在调配胎土时，发明了"二元配方法"，即在瓷石中掺入一定比例的高岭土。高岭土的主要成分是二氧化硅、三氧化二铝和水，它的加入提高了胎土中铝元素的含量，使得瓷胎可以耐受1280～1300℃的高温。这种方法提高了烧制大型瓷器的成功率，且使釉层变得更厚，光泽度更好，釉面的显色效果更加理想。

元代青花瓷烧制工艺的成熟，开辟了由素瓷向彩瓷过渡的新时代，也为后世青花瓷的繁盛奠定了基础。

七、明代瓷都景德镇

自元代在景德镇设立瓷局以来，景德镇逐渐聚集了全国的优秀瓷匠，渐渐成为瓷器重镇。到明代时，景德镇已成为全国制瓷业的中心，"天下窑器所聚"之地。

明太祖朱元璋建立明朝后，颁布了一系列恢复生产、发展经济的政策，对手工业的劳役制度也进行了积极的改革，取消了元代的工奴制度，改为轮班匠和住坐匠。这些政策极大地提高了瓷艺匠人的积极性，促进了明代制瓷业的发展。

元末明初之际，凭借便利的交通环境、丰富的燃料和制瓷原料供给、先进的制瓷工艺，景德镇窑已经成为制瓷业的佼佼者。明初，统治者在景德镇开设御窑厂，烧造宫廷用瓷，将景德镇的地位推向了新的高度。与此同时开设的大量民窑，使得景德镇出现了制瓷业"官民竞市"的繁

第一章 中华瓷器发展史

荣景象。

明代文学家王世懋在其著作《二酉委谭》中写道："天下窑器所聚，其民繁富，甲于一省。余尝分守督运至其地，万杵之声殷地，火光烛天。夜，令人不能寝。"大致意思是说，天下瓷器的精品都聚集在景德镇，当地人民靠制瓷富甲一方。人们昼夜不停地烧造瓷器，捣泥制胎的声音震动大地，窑口烧瓷的火光照亮天际，竟让人晚上难以入眠。明代景德镇制瓷的盛况，由此可见一斑。

明代各个时期的青花瓷呈色各具特色。洪武年间，青花瓷的器型基本沿用元代，风格较为朴素，器表留白较多，彩绘色泽偏灰暗。永乐至宣德年间，青花瓷的器型开始变得丰富，青料大多选用进口的苏麻离青，色泽浓艳，纹饰精美。

成化至正德年间，青花瓷的胎体逐渐变薄，釉色越发白净，青料选用国产的平等青、石子青等，色泽淡雅。嘉靖年间，青花瓷的青料或单用回青，或混用回青与石子青，色泽浓艳，蓝中泛紫。万历后期至明末时期，青花瓷的青料

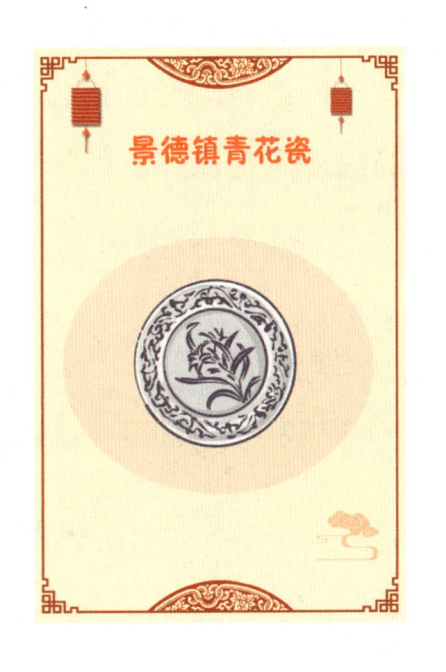

开始选用国产浙料，色泽蓝中泛灰。

除青花瓷外，明代景德镇的其他瓷种也在不断发展和创新。洪武年间的釉里红，永乐年间的豆青、甜白、祭红，宣德年间的祭蓝、洒蓝、仿哥釉、仿汝釉、青花红彩、青花黄彩，成化年间的斗彩，弘治年间的浇黄釉、白釉刻填绿彩，正德年间的素三彩、孔雀绿，嘉靖、万历年间的五彩、金彩，都是中国瓷器史上难得的珍品。

在明代景德镇窑系一家独大的同时，其他窑系也并未完全没落。比如，浙江龙泉窑的青瓷、福建德化窑的白瓷、广东石湾窑的仿古瓷、云南建水窑的青花瓷、彭城窑的白地黑花瓷等，都各有千秋。

第一章 中华瓷器发展史

八、中华瓷器的"黄金时代"

> 明代末年，内部有农民起义，外部有后金入侵，社会动荡不安，官窑极度衰败，制瓷业凋敝。到了清朝顺治年间，社会趋于稳定，制瓷业才逐渐有了起色。康熙至乾隆年间，制瓷工艺取得了长足发展，中国制瓷业进入"黄金时代"。

顺治至康熙初年，制瓷业尚处于复苏阶段。这一时期官窑的烧造水平较差，出产的瓷器比较粗糙。顺治十一年（1654年）烧造大龙缸、顺治十六年（1659年）烧造栏板都接连失败，直至顺治十七年（1660年）官窑便直接停产。民窑虽然断断续续地维持着生产，但出产的瓷器质量也不高。

康熙十九年（1680年）九月，清政府在景德镇恢复了御窑厂，并派官员驻厂督造，制瓷工艺开始逐渐发展，有了明显提高。康熙二十年（1681年）二月，工部虞衡司郎中臧应选、笔帖式车尔德等人被任命为督窑官，驻景德镇官窑督造。康熙二十七年（1688年），清政府下令停止江西御窑厂烧造瓷器。在这七年中，臧应选任职时间最长，人们便习惯将此时期的官窑称为"臧窑"，这也开创了以督窑官姓氏命名瓷窑的先例。

臧窑代表了康熙前期景德镇官窑的制瓷水平，取得的成就主要有：发明了粉彩瓷，烧出了蛇皮绿、鳝鱼黄、吉翠、黄斑点、浇黄、浇紫、浇绿、吹红、吹青等单色釉，此时期的青花瓷和五彩瓷较明代宣德、成化年间也有所进步。

康熙四十四年（1705年），郎廷极被任命为江西巡抚兼理景德镇窑事，至康熙五十一年（1712年）卸任。这一时期的景德镇官窑被称为"郎窑"。郎窑代表了康熙晚期景德镇官窑的制瓷水平，取得的成就主要有：恢复了明代中期失传的高温铜红釉烧造技术，烧出了"郎窑红"；成功仿制了明代宣德年间的青花瓷、成化年间的斗彩瓷等。珐琅彩也是在这个时期产生的。不过景德镇官窑只是烧制上好的素白瓷送进宫中，画珐琅彩釉和烘烤的步骤是在宫中完成的。

雍正四年（1726年），督理淮安板闸关税务的年希尧兼理景德镇官窑窑务，因此，这一时期的景德镇官窑被称

第一章 中华瓷器发展史

为"年窑"。雍正六年（1728年），内务府员外郎唐英协助年希尧督造，也为年窑制瓷工艺的进步作出了很大贡献。年窑的制瓷工艺达到了清代官窑的顶峰，烧出了古代水平最高的青瓷、粉彩瓷和颜色最鲜艳的釉里红瓷，在仿汝、仿官、仿哥、仿龙泉、仿钧、仿影青、仿宣德青花、仿成化斗彩等仿古瓷器上也取得了很高成就。这一时期的珐琅彩也达到了最高水平。

乾隆元年（1736年），唐英被正式任命为督窑官，负责官窑瓷器督造长达二十年，这一时期的官窑被称为"唐窑"。在此期间，唐英精心钻研制瓷工艺，曾跟瓷艺匠人同吃同睡三年，最终从一个外行变成了一个优秀的陶瓷艺术家，在选材、调釉、制胎、烧成等方面都颇有心得。

唐窑代表了乾隆时期最高的制瓷水平，可以说是集过去一千余年制瓷工艺之大成。这一时期瓷器的器型、釉种、装饰都非常丰富，既有仿古，又有创新。造型设计方面，除了常见的杯、盘、碗、壶、瓶等外，还有仿上古礼器的鼎、尊、爵等，更有模仿花、鸟、鱼、虫形态的仿生瓷；釉种方面，仅颜色釉就有粉青、大绿、米色、玫瑰紫等五十七种；彩绘方面，也有山水、人物、花鸟等各种题材。

乾隆之后，清王朝日渐贫弱，制瓷业也随之衰败。之后的百余年里，中国的制瓷工艺几乎没有创新。仿照前代作品烧造的各种瓷器，质量也越来越低。中国古代制瓷业的"黄金时代"，就这样过去了。

第二章

中华瓷器的丰富器型

一、中华瓷器器型概述

瓷器的器型指的是瓷器为满足不同的使用和审美需求衍生出的各种外观形状。不胜枚举的器型，体现了中华瓷器文化的博大精深。

通常来说，一件瓷器的结构可分为口、耳、颈、肩、流、腹、底足等多个部分。这些部分经过一定的排列组合，就形成了盆、碗、杯、盏、盘、碟、瓶、壶等不同的造型。

瓷器的口部及其边沿称为"口沿"，有直口、敞口、撇口、花口、盘口、唇口、喇叭口、折沿等多种形式。直口即竖直无弧度的口沿；敞口也叫"侈口"，近口沿处逐渐变得开阔；撇口的口沿向外翻撇，略呈喇叭状；花口形如花瓣，按花瓣曲线不同可分为葵口、菱花口、海棠式口等；盘口形如盘，直壁，折收，下接细直颈；唇口形似嘴唇，边沿有圆润的凸起；喇叭口形似乐器喇叭，由细颈向

第二章 中华瓷器的丰富器型

外展开，比敞口深度大；折沿为直口向外翻折出一圈窄沿。

耳是位于瓷器口、颈或颈、肩之间的装饰物，一般呈对称分布，有龙耳、凤耳、鱼耳、螭耳、戟耳、如意耳、绶带耳等形式。顾名思义，龙耳形如神龙，凤耳形如凤鸟，鱼耳形如游鱼，螭耳形如螭虎，戟耳形如短戟，如意耳形如弯曲的如意，绶带耳形如随风飘动的绶带。

颈是瓷器口部与肩部间的过渡部位，有直颈、束颈、长颈、短颈、粗颈、细颈等形式。直颈竖直无弧度，束颈向内收束，长颈、短颈、粗颈、细颈均为字面意义。

肩是瓷器颈部与腹部间的过渡部位，有平肩、折肩、丰肩、溜肩等形式。平肩即肩部为一水平面，与腹部交接处有明显转折；折肩是肩部或斜向上，或斜向下，与腹部交接处同样有明显转折；丰肩是肩部向上高耸，线条丰满圆润；溜肩是肩部向斜下方延伸，与腹部交接处呈圆弧形。

流也叫"注"或"嘴"，是瓷器上延伸出来的用于向外倒出液体的管状物或沟状物，有直流、曲流、鸭嘴流等形式。直流相对短粗，为斜向上的直管；曲流弯曲细长，是略呈"S"形的圆管；鸭嘴流为瓷器口沿一侧拉长形成的扁圆沟，形似鸭嘴。

腹是瓷器的主体盛物空间，有直腹、弧腹、鼓腹、扁腹、折腹、曲腹、垂腹、瓜棱腹等形式。直腹为直筒形或接近直筒形，截面有圆形、方形或多边形；弧腹为腹壁略向外弧形凸出；鼓腹为大幅度向外弧形凸出；扁腹有两种，一种是腹部横截面为扁圆形，另一种是纵剖面为扁圆形；折腹是器腹中部有明显的弯折，折痕下方向内收束；曲腹即腹壁呈"S"形，中部向外弧形凸出，下部向内弧形收束；垂腹上小下大，形如悬胆；瓜棱腹压印数条纵向棱槽，形似南瓜。

底足是瓷器最下端的部位，有平底、尖底、圆底、玉璧底、圈足、实足等形式。平底即底面平坦或轻微弧凹；尖底为尖锐的圆锥形；圆底为凸出的球形；玉璧底为圆形平底中心挖掉一小片同心圆，形似玉璧；圈足为圆圈状，有深浅、薄厚、正斜等不同造型；实足为实心的整体，有蹄足、珠足、锥形足、柱形足等造型。

通过对口、耳、颈、肩、流、腹、底足这些瓷器组成部分的了解，可以更好地了解中国古代的瓷器类型，欣赏中国古代瓷器之美。

第二章　中华瓷器的丰富器型

二、食器与盛器

食器是指进食时用到的各种餐具，盛器则是指盛放食物但不直接与嘴接触的大型容器。食器与盛器，都是中华瓷器中使用最广泛的种类。

在中国古代各式各样的瓷器中，食器和盛器占了很大的比例。食器类瓷器的主流器型是碗和钵，盛器类瓷器的主流器型有簋（guǐ）、盘、碟、豆等。

碗是最常见的一种瓷质食器，通常为圆形，口大底小。唐代之前的瓷碗偏重于实用性，虽然质量在逐渐提升，但在造型设计和装饰手法上变化不大，基本为直口、深腹、平底，施釉不到碗底，表面很少有纹饰。

到了唐代，随着制瓷工艺的精进和人们审美需求的提高，碗的质量越来越好，造型和纹饰也越来越美观。唐代碗除了直口、平底外，又增加了撇口、葵口和玉璧底、环条形底等，并出现了施满釉、有划花纹饰的精品。

宋代开始，出现了经典的圈足底碗。宋代碗的造型有斗笠式、草帽式等，釉色有白、黑、酱、青等，装饰手法有刻花、画花、印花等。元代碗的造型与宋代碗相似，但普遍较大、较厚重，圈足多内撇。

明代的碗大多是胎体轻薄的青花瓷碗，常见造型有鸡心式、墩子式、折口式等，圈足窄细，装饰手法主要为画花。清代的碗既有仿古，又有创新，造型设计、釉色调配、装饰手法等方面都非常丰富。

钵是僧侣所用的食器，功能与碗相同，有很多不同的造型。常见的瓷钵多为平底或饼形足，腹部比碗腹更鼓，钵口比碗口略小，多为敛口，也有唇口、撇口等样式。

簋本为商周时期的青铜盛器，多为双耳圈足造型，也有三足簋、四足簋、三耳簋、四耳簋、方座簋等。与碗相比，簋的圈足更大，腹部更鼓，簋口处向内收束，有些配有盖。古人用餐时，常将饭盛到簋中端到桌上，再从簋中将饭盛到各自的碗中食用。

第二章 中华瓷器的丰富器型

周代时，已经出现了深腹圈足的原始青瓷簋，并盛行于春秋时期。战国后期，簋这种盛器逐渐衰落。后世虽有仿制，但数量不多。

盘是一种常见的瓷质盛器，多为圆形，器型较扁，腹部较浅，多用于盛放菜肴。古代的盘大小差别很大，造型非常丰富，盘口有葵口、菱口、坦口、撇口、折沿、翻唇等样式，盘底有平底、圈足、高足等样式。碟的造型与盘类似，容量比盘小，除了圆形外，也有方形、多边形。碟口有花口、撇口等样式，腰腹有折腰、弧腹等样式，底部有平底、圈足等样式。

豆是先秦时期的一种青铜盛器，造型像高足盘，最初用于盛放黍、稷等谷物，后来也用于盛放腌菜、肉酱等副食。瓷器发明后，古人也开始烧制瓷豆。

商代晚期时，已经出现了原始青瓷豆。周代时，瓷豆广为流行，有假腹、粗把、碗形等多种造型。东汉时期，曾烧制过簋形的瓷豆。两晋时期，烧制过细把的瓷豆。明代时，又出现了球形的瓷豆。

民以食为天，食器和盛器作为人们用餐时必不可少的器皿，在中国古代瓷器史上占据着重要地位。

三、饮器与水器

饮器是指饮用酒、水、茶等液体时用到的各种小型容器，水器是指盛放大量酒、水、茶等液体的大型容器。饮器与水器，是中国古代瓷器中常见的种类。

和前面介绍的食器、盛器相似，饮器和水器在中国古代瓷器中也占了很大比例。饮器类瓷器的主流器型有杯、尊、盏等，水器类瓷器的主流器型有瓶、壶、盆等。

杯是最常见的一种饮器，多为空心圆柱状或下端略细的空心圆台状，容量较小。春秋时期，已经出现了原始青瓷杯。汉代之后，瓷杯的造型丰富了许多，如耳杯、爵杯、吸杯、方斗杯、马蹄杯、鸽形杯、树根杯、鸡缸杯、海棠杯等。杯口有直口、敞口等样式，底部有平底、圈足、高足等样式。

第二章 中华瓷器的丰富器型

尊是一种比较古老的饮器。商代早期，就出现了原始青瓷质的大口尊。周代时，出现了侈口尊、双耳尊。汉代之后，尊的造型变得丰富，出现了经典的三足双耳尊，同时还有鱼篓尊、灯笼尊、石榴尊、莲花尊、人形尊、兽形尊等。

盏是古代常用的一种饮器，敞口小足，斜直壁，形状介于碗和杯之间，通常口径比杯大，高度比杯低。东晋时期，古人已经开始烧制瓷盏。南北朝时期，瓷盏已经较为常见。唐代中期开始，随着中国饮茶之风盛行，瓷盏变得非常流行，越窑的青瓷盏和邢窑的白瓷盏皆有盛名。垫在瓷盏下方防烫的盏托，也是在这个时期开始配备的。

宋代时，斗茶之风盛行，人们对茶具的审美需求提高，瓷盏也因此变得越发精美。宋代的瓷盏主要有两种造型：一种是直口，一种是喇叭状的撇口。比较讲究的瓷盏，也开始采用印花、描金等手法装饰。这一时期，最负盛名的瓷盏是建窑和永和窑的黑釉盏。

元代时，黑釉瓷盏的数量相对减少，更多的是青白釉瓷盏，造型多为直口。明清时期，瓷盏又配备了盏盖，形成了影视剧中常见的上盖、中盏、下托的三合一瓷盏，民间也称"盖碗"。

明代早期的瓷盏多为高圈足、深腹、小折口，最为精美的当属宣德年间烧制的白釉盏。中晚期的瓷盏多为浅圈足、深腹、小撇口，最为精美的是成化、嘉靖年间的青花瓷盏。清代的瓷盏釉色和装饰手法都极为丰富，造型多为圈足、弧腹、敞口，圈足前期较大、较高，后期变得较小、较浅。

瓶是古代最常用的一种水器，造型非常丰富，常见的有胆瓶、扁瓶、葫芦瓶、灯笼瓶、油锤瓶、棒槌瓶等。瓶口有盘口、洗口、卷口、撇口、花口等样式，瓶颈有直颈、长颈、转颈等样式，瓶底有平底、圈足、三足、镂空足等样式。

壶也是古代常用的一种水器，多用于盛放酒浆或茶水。古代瓷壶的造型比较丰富，常见的有执壶、鹅壶、卤壶、圆壶、方壶、扁壶、梨形壶、美人肩等。壶口有盘口、杯口、撇口、洗口、喇叭口等样式，壶底有平底、圈足、兽形足等样式。

盆是一种常见的水器，口大底小，腹部较浅，多用于盛放洗涤用水。古代瓷盆的造型相对比较单一，主要有折沿、撇口、托座、蹄足、海棠等样式。

一箪食，一瓢饮，是一个人生存的基本需求，饮器和水器与人们的日常生活息息相关，在中国古代瓷器史上同样有着重要地位。

四、乐器与文具

除了日用器皿之外，中国古代还有很多乐器和文具类的瓷器。这两类瓷器不像食器、盛器、饮器、水器那样普遍，但制作工艺和装饰手法却更精致细腻一些，具有较高的艺术价值。

瓷质的乐器和文具晶莹温润，既有实用价值，又可作为艺术品用于欣赏或把玩。乐器类瓷器的主要器型有瓷钟、瓷镈（bó）、瓷磬（qìng）、瓷缶、瓷箫、瓷埙（xūn）等，文具类瓷器的主要器型有笔架、笔筒、砚滴等。

钟、镈、磬、缶都是古代的打击乐器。钟的形状呈扁圆，内部中空，口沿处弧形内凹。镈外形与钟类似，口沿为平口。磬的形状为扁平的片状，用绳子悬挂在特制的架子上。早期的磬多为上弧下直的不等边三角形。周代时，磬演变为上为倨句形，下为微弧形。汉代以后的磬，上下均为倨句形。缶形状圆润，似钵而小。

第二章　中华瓷器的丰富器型

瓷器质地坚实，敲击时可以发出清脆的声音，古人曾烧制瓷钟、瓷镈、瓷磬、瓷缶等瓷质打击乐器。但由于这些瓷质打击乐器沉重、易碎、音域较窄，因此并未成为乐器的主流。

箫和埙是古代的吹奏乐器。箫为长管状，常见的有六孔箫和八孔箫，音色轻柔典雅。埙的造型更多一些，常见的有梨形、鱼形、球形、椭球形、水滴形、葫芦形等，音色古拙朴素。由于体积和演奏的方式避开了沉重和音域窄的问题，瓷箫、瓷埙这类吹奏乐器比瓷质打击乐器更受欢迎。

在北宋时期，就已经出现了烧制的瓷箫。由于施釉、烧造等过程都可能导致胎体轻微变形，最终烧造出来的瓷箫能合调的往往百中无一。一支上好的瓷箫不仅色泽晶莹，质感温润，音色也远胜过一般的竹箫。瓷埙的成品率比瓷箫要高一些，音色比一般的陶埙更清澈一些，但也未能替代陶埙的地位。

笔架是古代暂时放置毛笔用的一种文具，形似山峦，因此也被称为"笔山"。元代时，已经出现了造型精美的青白釉瓷山形笔架。到了明代，瓷笔架多为青花瓷或五彩瓷。除了有传统的山形瓷笔架外，明代也流行长方形的盒式瓷笔架。这种笔架既能长期收纳毛笔，也能暂时放置毛笔。清代时，瓷笔架的造型更加丰富，最常见的是山形、盒式和椭圆形。这个时期的瓷笔架做工更加精湛细腻，艺术价值也更高。

笔筒是古代插放毛笔用的一种文具，形状多为圆筒状，也有少量方形或异形的。瓷质的笔筒最早出现在宋代，元、明两代也有烧造，但数量不多，造型也比较单一。清代时，出现了大量的瓷质笔筒，常见造型有直筒型、束腰型、竹节形、方胜形等，底部多为平底，筒口有直口、撇口等样式。

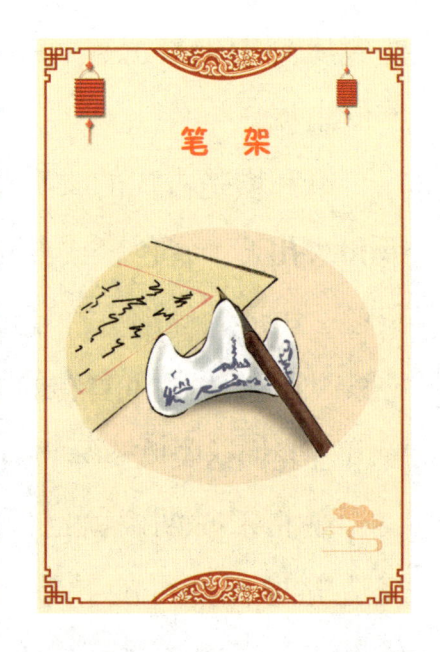

砚滴是古代研磨时向砚台中注水用的一种文具，又称"水滴""水注"。砚滴没有固定的造型，样式非常丰富。西晋时的瓷质砚滴多为动物形态，如熊形、兔形、蛙形等，以蛙形最为流行。宋元时期，书画艺术盛行，瓷砚滴变得更加精致，其造型除了动物形态以外，还有植物、人物、几何等多种形态，以瓜果形态最为流行。

古诗有云："南邻击钟磬，北里吹笙竽。""洗砚鱼吞墨，烹茶鹤避烟。"瓷质的乐器和文具为古代文人雅士所钟爱，蕴含着深厚的文化底蕴。

五、服御器与其他实用器

服御器是指用于环境清洁、美化的一类器具，兼具实用价值和审美价值。中国古代还有一些瓷器不在食器、盛器、饮器、水器、乐器、文具、服御器之列，但也属于实用性瓷器。

中国古代服御器类瓷器的主流器型有香炉、油灯、提篮等。除前文所说的几种瓷器类型外，实用性瓷器还包括瓷枕、鼻烟壶、脂粉盒等。

香炉是古代焚香用的一种器具。汉代时，已经出现了原始青瓷博山炉。博山炉主体类似高足盘，配有仙山形状的镂空炉盖，盖上饰有仙人、神兽、祥云等。在炉内焚香时，香烟缭绕于炉盖上，如同仙境。

三国两晋时期，青瓷香炉广为流行。三国时的青瓷香炉造型多为圈足、扁圆腹、索耳、敛口，炉身上半部分多镂空。西晋时的青瓷香炉主体多为球形，底部有三兽足和浅承盘，腹部有三角形镂孔，上为直口，口边多饰有飞鸟或圆珠堆塑。东晋时的青瓷香炉主体也大多是球形，平底阔口，通过支柱与承盘连接。

宋代时主要流行覆碟五足炉和鬲式炉。覆碟五足炉大多出自定窑和耀州窑，主体为筒形，底部为五个兽形足，口沿外折，形似倒扣的碟。鬲式炉大多出自龙泉窑和景德镇窑，造型通常为鬲形腹，底部三足，颈部收束，上出敞口。元、明两代也曾烧制鬲式炉，主体形状与宋代鬲式炉相近，元代的多为盘口、长束颈，明代的多为直口、短束颈。

青瓷香炉

油灯是古代常见的一种灯具，通常由灯盏、灯柱、承盘三部分组成。三国时期已经出现了蹲熊造型的瓷质油灯，造型生动，灯柱较短粗。西晋时的瓷质油灯也多以人或动物为造型，灯柱变得细长了一些。东晋至南北朝时期，瓷质油灯的造型逐渐简化，灯柱变得更加细长，有些饰有弦纹，底部有平底、圈足、蹄足等样式。后世的瓷质油灯造型变化不大，但有些设计得更为巧妙，更加省油。

第二章 中华瓷器的丰富器型

瓷枕是古代夏季常用的一种寝具，主要作用是消暑。隋代时，已经出现了瓷质的枕头。到了唐代，已经开始大规模烧造瓷枕。这个时期的瓷枕造型比较简洁、朴素，多采用模印、细划绞胎的手法装饰。而宋代瓷枕的造型开始变得极为丰富，大量使用刻花、划花、印花、堆塑绘画等装饰手法。其中，磁州窑系烧制的瓷枕造型优美，种类繁多，是当时瓷枕的优秀代表。

鼻烟壶是古代盛放鼻烟的小型容器，于清代康熙年间开始烧制。康熙至雍正年间的鼻烟壶造型较为单一，壶腹扁圆，壶口较小，配有带勺的盖。从乾隆年间开始，鼻烟壶的造型、装饰逐渐变得丰富多彩，成为一种工艺品。

脂粉盒是古代女性用来盛放胭脂水粉等化妆品的一种小型容器，大多有盖。脂粉盒造型丰富，样式精美，常见的有桃心形、莲花形、菊瓣形、石榴形、八面形、瓜棱形等。还有一些脂粉盒是组合型的，如三盒连体式等，设计非常巧妙。

瓷质的服御器与其他实用瓷器在中国古代也颇为流行。宋代李清照的词中，就有"沈香断续玉炉寒""玉枕纱橱，半夜凉初透"等句，可见当时这些瓷器应用之广。

六、明器与礼器

明器即冥器，指古代举行葬礼时随葬用的器物。礼器是古代在祭祀、出征、献俘、婚丧等仪式中使用的器物。古代瓷质的明器和礼器，大多是从实用性的瓷器中演变而来。作为明器或礼器的瓷器，也有一部分后来演变成了实用性的瓷器。

中国古代的非实用性瓷器中，明器类的较多，常见的有瓷俑、五联罐、谷仓罐、多角瓶、皈依瓶等，礼器类的则相对少一些，有鼎、净瓶等。

俑是古代贵族陪葬专用的人或动物模型，始于周代，兴于汉唐，多为木质、陶质，也有一些为瓷质。古人讲究"事死如事生，事亡如事存"，俑的刻画追求逼真，一定程度上还原了当时的现实生活。

古代常见的瓷俑有立俑、蹲俑、坐俑、孩儿俑、老人俑、力士俑、骑兵俑、炊事俑、杂技俑、说唱俑、乐舞

第二章　中华瓷器的丰富器型

俑、方相俑、生肖俑等，都比较写实。此外，也有一些瓷俑以神话传说为题材，造型多为人首鱼身、人首鸟身、人首蛇身、人首龙身等。

五联罐是古代士大夫阶层陪葬时常用的一种明器，主要流行于东汉时期。五联罐的主流造型是在一个大罐的肩部或周围堆塑四个小罐或小壶，周围堆塑鹤、鹿等珍禽瑞兽作为装饰，罐中常装有谷物。罐盖造型有两种，或塑鸟形钮，或塑双线半环钮。

谷仓罐由五联罐演变而来，流行于三国时期的东吴地区和两晋时期。东吴早期的谷仓罐，是在五联罐的上半部分和小罐、小壶周围堆塑大量的仙人、瑞兽。到东吴晚期，小罐、小壶等堆塑逐渐消失，堆塑的装饰以仙人、瑞兽、楼阁、宫阙为主。

两晋时期，谷仓罐的胎体和釉质都有所提高，堆塑装饰也变得更加复杂、逼真。谷仓罐上半部分堆塑的主体大多是豪门居住的坞堡、庄园式建筑，建筑周边还塑有家畜、飞鸟、歌舞伎等，着重表现世家豪门的奢侈生活。

多角瓶由谷仓罐演变而来，主要流行于唐代和五代十国时期。多角瓶上小下大，形似多层宝塔，每层都塑有多个圆锥状角，大多为圈足、弧腹、直口，口上配有塔形盖。在古代吴地方言中，"角"与"谷"读音相近，使用多角瓶殉葬有祈求祖先保佑五谷丰收的寓意。

皈依瓶俗称"魂瓶"，常见于宋元明时期的江南地区。皈依瓶造型较为细长，配有立鸟钮的瓶盖，瓶颈处塑有日月、祥云、龙虎、人物等。

鼎最初是一种烹煮食物用的器具，后来逐渐演变为祭祀专用的礼器。商代至西周时期的鼎，大多为青铜制成。春秋时期，出现了仿青铜鼎烧制的原始青瓷鼎，兽蹄形三足，浅直腹，广口，口沿两侧分别塑有兽首和兽尾。

净瓶本是僧侣游方时储水用的容器，后来逐渐演变成一种宗教祭祀用的礼器。唐宋时期的净瓶造型多为圈足，长圆腹，肩部有兽首形状的短流，瓶颈中间凸出，瓶口为喇叭形敞口。元明时期的净瓶多为扁圆状，肩部有短粗流。清代时的净瓶多为青花瓷、五彩瓷或青白釉瓷，主流造型为撇足、束颈、弧腹、丰肩、直颈、唇口。

古人使用的瓷质明器、礼器，不仅展现了当时的生活状况和礼仪制度，也是一种历史的见证，更是我们理解和传承古代文化的重要途径之一，具有很高的历史和文化价值。

第三章

中华瓷器的绚烂釉彩

一、中华瓷器釉彩概述

瓷器的釉是指覆盖在瓷器胎体表面的玻璃质薄层,最早出现在商代的原始青瓷上。施釉不仅能让瓷器表面更加光滑坚硬,在一定程度上提高瓷器的实用价值,也能让瓷器拥有美观的颜色和质感,极大提高瓷器的观赏价值。缤纷绚烂的釉彩,是中华瓷器文化的核心要素。

瓷艺匠人用石英、长石、滑石、黏土、高岭土、花斑石、钴土等矿物原料通过湿式球磨法调配成的矿物泥浆,就是制造瓷器必需的各种釉料。釉料中决定釉层颜色的金属氧化物称为"着色剂",常见的有氧化铁、氧化铜、氧化钴等。而可以降低釉料熔点,让釉料更容易达到熔融状态的物质,称为"助熔剂",常见的有氧化铅、石灰、石灰碱等。

制作瓷器时,瓷艺匠人用浸、喷、浇、荡等方法将釉

第三章　中华瓷器的绚烂釉彩

料施于坯体表面，再入窑经过烘烤、焙烧，就可以在瓷器表面形成与玻璃的物理和化学性质类似的釉层。釉层的主要成分为氧化硅、氧化铝、氧化铁、氧化铜、氧化钴、氧化锰、氧化钛、氧化钙、氧化镁、氧化钾、氧化钠等。

在烧制瓷器的过程中，窑炉中瓷器的周围充斥着氮气、氩气、氧气、氢气、一氧化碳等气体。瓷艺匠人会利用这些气体的氧化或还原作用影响釉料在烧成过程中的化学反应，从而控制釉层的最终成分，使釉层呈现出不同的颜色和质感。

窑炉中与瓷器直接接触的气体含量的多少及其比例，称为"烧成气氛"。当窑炉密闭性较弱，炉内氧气含量较高，燃料燃烧较充分，氢气、一氧化碳等还原性气体含量较低时，金属元素会被氧气充分氧化，最终主要以高价金属离子的形式存在，这种气氛就称为"氧化气氛"。反之，金属元素被氢气、一氧化碳等还原性气体还原，最终主要以低价金属离子的形式存在，这种烧成气氛就称为"还原气氛"。

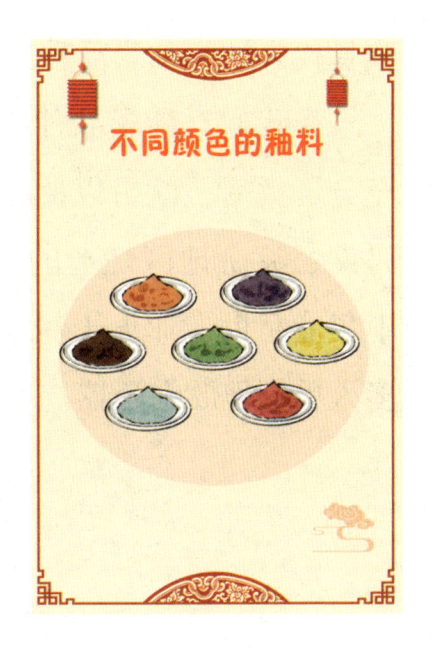

不同颜色的釉料

由于烧成气氛的差异和釉料中金属氧化物的种类、含量不同，会导致釉层中金属元素存在的形式和含量不同，最终便会呈现出青、白、黑、绿、黄、红、蓝、紫等多种颜色。这些不同颜色的釉便被称为"釉彩"。

在不同的历史时期和不同地域的瓷窑中，釉料配比和施釉、装烧工艺都存在一定的差异。这种差异最终会反映在瓷器的釉彩上，因此就形成了丰富的釉彩品种，如青瓷、白瓷、青花、釉里红、五彩、粉彩、珐琅彩等。不同历史时期、不同地域的瓷窑生产出的瓷器产品，几乎都有独具代表性的釉彩品种。

当我们对釉彩品种的演变过程和不同釉彩的特征有了充分了解后，就可以比较准确地判断一件瓷器是哪个历史时期、哪个地区烧造的产品。了解中华瓷器的釉彩品种，不仅能帮助专业人士对瓷器进行断代、辨伪，也能帮助更多人更好地欣赏瓷器。

二、颜色釉

> 颜色釉又称"色釉""单色釉""纯色釉",是我国应用最早的一类瓷釉。制瓷工匠通过调控釉料中金属氧化物的含量和瓷窑的温度及密封性,使釉料在瓷器表面呈现出不同的颜色。

青釉是我国使用最早、沿用时间最久、分布范围最广的一种颜色釉。它以氧化铁为着色剂,含铁量为1%~3%。在青釉瓷器烧成的过程中,需要经历氧化、还原和冷却三个阶段。在氧化气氛中,铁离子呈色为黄绿色或青灰色;在还原气氛中,铁离子呈色为青绿色。

青釉并不都是纯青色,通常釉料中铁元素的含量越高,呈色就会越深。常见的青釉色有月白、天青、粉青、东青、豆青等。月白色最浅,微泛淡蓝;天青色略深一点,偏灰偏蓝;粉青色更深一些,淡青泛粉白;东青色再深一些,淡青泛灰白;豆青色最深,青中泛黄。

白釉和黑釉都是在青釉的基础上发展而来的。白釉并不是白色的釉，而是一种无色透明釉。白釉瓷器需选用含铁量低于0.75%的胎土和釉料，烧成后釉层透明，呈色极浅或不呈色，露出洁白的胎质。随着制瓷工艺的进步，白釉由闪黄、泛青变得越来越纯净。

隋代的白瓷色泽已经非常纯净。唐代的邢窑白瓷类银似雪，洁白光润。宋代的定窑白瓷略泛牙黄，德化窑白瓷乳白光亮。元代景德镇湖田窑创制的卵白釉白中闪青，色如鹅卵。明代永乐年间出现的甜白釉细腻洁白，莹润如糖。明清时期德化窑烧制的象牙白釉白如凝脂，隐泛象牙光泽。

黑釉是一种黑褐色的釉，釉料中含铁量为8%～10%。东晋至南朝初年，浙江德清窑已经烧制出釉面漆黑光亮的黑釉瓷器。宋代福建建窑的兔毫釉、油滴釉，江西永和窑的玳瑁斑；清代的乌金釉，都极大地提高了黑釉的装饰效果。

蓝釉以氧化钴为主要着色剂，在1280～1300℃的高温中烧制而成。蓝釉的代表釉种有元

蓝釉瓷器

代创烧的霁蓝釉；明代宣德年间创烧的洒蓝釉，嘉靖、万历年间的回蓝釉；清代康熙年间的天蓝釉，等等。

红釉有铜红釉和铁红釉两种。铜红釉以氧化铜为着色剂，在还原气氛中烧制而成，含铜量为 0.3%～0.5%，代表釉种是明代的鲜红釉和宝石红釉，以及清代的郎窑红釉。铁红釉以氧化铁为着色剂，在氧化气氛中烧制而成，代表釉种是明代的矾红釉和清代的珊瑚红釉。

黄釉以氧化铁、氧化锑为着色剂，在氧化气氛中烧成。明代永乐年间已经出现颜色纯正的黄釉瓷器；宣德、弘治年间的浇黄釉色泽娇嫩，质感犹如鸡油，有"娇黄""鸡油黄"的别称。除此之外，清代的蛋黄釉、蜜蜡黄釉，也各有千秋。

绿釉以氧化铜为着色剂，在氧化气氛中烧成。明代嘉靖年间，已经出现了颜色纯正的绿釉瓷器。绿釉的代表釉种有明代成化年间的孔雀绿釉，清代康雍乾时期的水绿釉、葱绿釉、秋葵绿釉、瓜皮绿釉、苹果绿釉、鹦哥绿釉、松石绿釉等。

颜色釉的出现是我国劳动人民在长期的生产实践和科学实验中的智慧结晶，在我国瓷器史上占据重要地位。颜色釉的发展，使瓷器在实用基础上增加了观赏功能，具备了美学价值。

三、花色釉

> 花色釉是一种多彩装饰瓷釉，通常是在黑釉、黄釉、黄褐釉、茶叶末釉等深色底釉上点、淋、涂少量浅色的天蓝釉或月白釉，形成深色背景上点缀浅色斑点的强烈色泽对比的效果。

花色釉是在颜色釉的基础上发展而来的，常见的花色釉有钧釉、窑变釉、唐三彩釉、辽三彩釉、宋三彩釉等。

钧釉是宋代河南钧窑烧制出的一种乳浊釉，釉层较厚，于天蓝色底上点缀红色或紫色的斑块。之所以会产生这些斑块，是因为瓷窑、釉料中含有少量氧化铜，或瓷艺匠人在釉的表面喷涂了含铜离子的溶液。在烧制过程中，铜元素会呈现出铜红色，铜红色再与蓝色结合就形成了紫色。

宋代钧釉的釉色以月白、天青、天蓝为主，兼有天蓝

第三章 中华瓷器的绚烂釉彩

红斑、玫瑰紫、海棠红等色，釉质莹润，斑块晕散自然。元代钧釉的釉色以月白为主，兼有天蓝、天蓝红斑，釉面多棕眼，光泽度较低，斑块晕散效果差一些。清代雍正年间仿制的钧釉色彩丰富，釉质晶莹，可以媲美宋代钧釉。

窑变釉是偶然产生的一种花色釉。在烧制瓷器的过程中，由于窑中含有的多种呈色元素在瓷器表面呈色，导致烧出的瓷器釉色五彩斑斓，与预期釉色有明显差异。前面介绍的钧釉，其实也属于窑变釉。

清代之前，窑变釉瓷都是偶然出现的，常被认为是不祥之兆而毁掉。清代时，景德镇的瓷艺匠人掌握了一定的窑变规律，通过人为调控釉料和窑温，实现了批量生产窑变釉。从此，窑变釉成为一个著名的釉种。

唐三彩釉、辽三彩釉、宋三彩釉都是低温彩色铅釉。这三种花色釉虽然主要施于陶器上，但所涉及的工艺对明清时期釉上彩绘瓷的发展有着重要意义。

唐三彩釉以含有铜、铁、钴、锰等元素的矿物为着色剂，以铅渣、铅灰为助熔剂，烧成温度在800℃左右。在烧制过

唐三彩瓷器

程中，各种着色元素熔融于铅釉中，在器物表面流动并互相浸染，最终呈现出斑斓的釉色。唐三彩釉的釉色以黄、绿、白三色为主，兼有蓝、褐、赭、黑、红等颜色。唐三彩釉中的钴蓝色，是中国陶瓷史上最早的用钴土矿着色的彩釉。

辽三彩釉受唐三彩釉的影响较深，釉色仍以黄、绿、白三色为主。二者的主要区别在于辽三彩釉中没有蓝色釉，且分区域施釉，不同颜色的釉不交融，釉面缺乏流动感，不如唐三彩华丽自然。

宋三彩釉在唐三彩釉和辽三彩釉的基础上发展而来，釉色以黄、绿、白、褐四色为主，兼有酱色、黑色、红色等，与前代釉色相比更丰富一些。宋三彩釉中虽然没有蓝色釉，但却有一种翠绿色的翡翠釉。同时，宋三彩的施釉手法吸收了绘画艺术的技法，釉面规整却不失生动，艺术价值要高于辽三彩。

四、结晶釉

结晶釉是一种装饰性很强的瓷釉。结晶釉的釉料中含有较多结晶性物质,在高温烧制过程中,这些结晶性物质会变为熔融状态,漂浮在瓷器表面。在瓷器缓慢冷却的过程中,这些结晶性物质又会重新析出,在瓷器表面形成不同的图案。

通过调节釉料的配比和冷却的时间、温度,古代瓷艺匠人已经可以在一定程度上控制结晶釉瓷器表面晶花的颜色和形状。常见的结晶釉有兔毫、油滴、洒蓝、铁锈花、茶叶末等。

兔毫釉是中国古代的一种黑釉,结晶性物质主要为铁元素结晶。这种釉的釉面通常是黑色底釉上透出黄棕色至红棕色条纹,形如兔毫,因此得名兔毫釉。根据结晶外观的不同,兔毫釉还可以分为金兔毫釉、银兔毫釉、灰兔毫釉和黄兔毫釉等。

兔毫釉瓷器在烧制的过程中，釉料受热时会发生液相分离，铁元素被气泡带至釉层表面，流动时形成兔毫状的条纹。瓷器缓慢冷却时，条纹处的铁元素以氧化铁结晶的形式析出，便呈现出黄棕色或红棕色。

油滴釉与兔毫釉类似，属于黑釉，结晶性物质主要是铁元素结晶，但釉料中的铁元素含量更高。这种釉的釉面通常是黑色底釉上分布着大量有金属光泽的银灰色圆点，形如液滴，因此得名油滴釉，也叫"雨点釉""滴珠釉"。

油滴釉瓷器在烧制过程中，氧化铁会分解产生大量气泡，小气泡再融合成大气泡，将丰富的铁元素带到釉层表面。气泡破裂后，铁元素就会在釉层表面富集。瓷器缓慢冷却时，铁元素以氧化铁和四氧化三铁结晶的形式析出，形成银灰色的圆点。

油滴釉瓷器

洒蓝釉是在白釉瓷器上用吹釉的方式施蓝釉而成的一种结晶釉，结晶性物质主要是钴元素结晶。这种釉的釉面大部分区域被深浅不同的蓝色釉所覆盖，漏出的白釉如同雪花，因此也被称为"雪花蓝釉""盖雪蓝釉"。

第三章 中华瓷器的绚烂釉彩

洒蓝釉瓷器需要烧制两次，瓷艺匠人先将白釉瓷器烧好，然后用一端包有纱布的竹管蘸取蓝色彩料，用嘴从另一端把彩料吹到瓷器表面，然后再入窑进行二次烧制。明代宣德年间，景德镇窑已经烧制出洒蓝釉瓷器，但没过多久就停烧了。清代康熙至乾隆年间，洒蓝釉瓷器工艺发展成熟，景德镇民窑曾批量烧制洒蓝釉瓷器用于外销。

铁锈花釉是在黑釉基础上施加含铁元素的釉料，结晶性物质主要是铁元素结晶。这种釉的釉面通常是紫黑色釉层中透出斑驳的铁锈色纹饰，在光线照射下极为耀眼。

铁锈花釉瓷器入窑烧制前，瓷艺匠人会用含有氧化铁的斑花石在施好黑色底釉的瓷胎上描绘出图案。在烧制后缓慢冷却的过程中，图案处的铁元素以氧化铁结晶的形式析出，便形成红棕色至棕褐色的花纹。

茶叶末釉是中国古代的一种黄釉，在高温还原气氛下烧成，结晶性物质主要为铁元素及镁元素与硅酸化合成的结晶。这种釉的釉面通常是棕黑色或黑绿色底釉上泛黄绿色晶点，色如茶叶细末，清丽朴素，因此得名茶叶末釉。

唐代时，耀州窑已经大量烧制茶叶末釉的瓷壶、瓷盏。明代时，出现了著名的茶叶末釉变种"鳝鱼黄"，可于黄色底釉上见黑褐色斑点。清代雍正年间的茶叶末釉偏黄，有"鳝鱼皮"之称。乾隆年间的茶叶末釉瓷器偏绿，有"蟹壳青"之称。

五、低温色釉

低温色釉以氧化铅或硝酸钾等为主要助熔剂，熔融温度通常在900℃以下。低温色釉瓷器釉面光滑，质感莹润，烧成难度低，但硬度和稳定性也较低，实际使用中容易损坏。

与颜色釉不同，低温色釉通常需要施在烧好的素胎上，然后再入窑二次烧制固化。常见的低温色釉有浇黄釉、珐华釉、胭脂红釉、孔雀绿釉等。

浇黄釉是一种以氧化铅为助熔剂、以氧化铁为着色剂的低温黄色釉，以浇釉的施釉技法得名。这种釉的釉面肥厚润泽，釉色娇嫩欲滴，因此也被称为"娇黄釉"。明代弘治年间的浇黄釉瓷器质量最佳，釉色纯正透亮，釉面均匀洁净。

浇黄釉瓷器需要烧制两次，瓷艺匠人先将白釉瓷器烧好，然后用勺舀取黄釉，均匀地泼浇在瓷器外壁上，再放

第三章　中华瓷器的绚烂釉彩

入850～900℃的窑中，在氧化气氛中二次烧制而成。部分精品浇黄釉瓷器还会加以金彩装饰，更显得灿烂华贵。

珐华釉又名"法华釉""珐花釉"，是一种以硝酸钾为助熔剂的低温色釉，有白、黄、绿、蓝、紫等多种颜色。珐华釉最早出现在元代的山西地区，当时主要用于陶胎上。工匠把泥浆装入管中，用泥浆在陶胎上勾勒出纹饰的轮廓，然后在轮廓内填入各种颜色的釉料，再入窑烧制。

明代宣德年间，出现了珐华釉瓷器。其施釉方法与珐华釉陶器基本一致，只是胎体、釉料更加讲究，纹饰更加丰富，艺术价值自然也更高。明代中期，珐华釉瓷器曾兴盛一时。

浇黄釉瓷器

胭脂红釉也叫"洋红釉"，清代康熙年间从欧洲传入中国，是一种以黄金为着色剂的低温粉红色釉。胭脂红釉最早应用于康熙年间的珐琅彩瓷器上，后来成为一种独立的名贵釉种，盛行于雍正、乾隆时期。

胭脂红釉瓷器也需要烧制两次，瓷艺匠人先将薄胎白釉瓷器烧好，然后在瓷器外壁施胭脂红釉，再放入

800～850℃的窑内进行二次烧制。成品外壁釉色鲜艳明亮，在洁白晶莹的内壁映衬之下，显得娇嫩欲滴。

根据颜色的深浅程度，胭脂红釉可分为淡粉红、胭脂水、胭脂红、胭脂紫等。随着釉料含金量的增加，胭脂红釉呈现的颜色也依次加深。

孔雀绿釉也叫"法绿釉""翡翠釉"，是一种以硝酸钾为助熔剂、以氧化铜为着色剂的低温色釉。这种釉的釉色翠绿，视觉效果与孔雀羽毛上的绿色相近，因此得名孔雀绿釉。

宋金时期，北方的民窑就已烧出了孔雀绿釉瓷器。元代时，景德镇窑也开始烧造孔雀绿釉瓷器。明代时，孔雀绿釉瓷器的产量逐渐增加，同时出现了釉下暗划莲瓣纹、釉下彩绘青花鱼藻纹等装饰。清代景德镇窑烧制的孔雀绿釉瓷器质量极佳，釉色翠绿明亮，釉层清澈透明，釉面布满开片，具有很高的艺术价值。

六、釉上彩

釉上彩是一种常见的陶瓷加彩装饰。制作釉上彩瓷器时，瓷艺匠人通常要运用绘画中的各种手法，以低温彩料在高温烧制好的瓷器釉面上绘制出各种纹饰，然后二次入窑低温烧制使彩料固化。

釉上彩是一种主流的瓷器装饰技法，盛行于明清时期。常见的釉上彩瓷器有五彩瓷、粉彩瓷、珐琅彩瓷等。

五彩以红、黄、绿三色为主色，兼有蓝、紫、黑、金等色。五彩中的"五"是虚数，意在说明颜色丰富，并非一定是五种颜色，但红、黄、绿三色是肯定有的。由于五彩瓷的烧成温度略高于粉彩，视觉效果不如后来出现的粉彩瓷柔和，因此也被称为"硬彩"或"古彩"。

五彩瓷是在高温烧成的素白瓷或绘制好局部纹饰的青花瓷上，用各种颜色的彩料描绘出完整的图案，再入窑低温烧成。以素白瓷为底的称为"釉上五彩",以青花瓷为底的称为"青花五彩"。

明代宣德年间,瓷艺匠人在宋元时期釉上加彩瓷的基础上研究改进,烧制出了五彩瓷器。由于明代没有蓝色彩料,因此需要蓝色的地方就用釉下青花来代替。这一现象在嘉靖、万历年间官窑的五彩瓷上最为常见。人们常说的嘉靖五彩、万历五彩,通常都是指当时官窑烧造的青花五彩。

清代康熙年间,发明了釉上蓝彩、金彩和黑彩,弥补了明代彩料的不足。因此,这一时期青花五彩的烧造数量逐渐减少,釉上五彩成为彩瓷的主流。与釉下青花相比,釉上蓝彩与其他釉上彩料搭配更和谐,画面更自然,表现力更强。金彩的应用使得五彩瓷更加富丽华贵,黑彩的应用又将其他色彩衬托得更加鲜亮。

粉彩始于清代康熙年间,兴盛于雍正、乾隆两朝。与五彩相比,粉彩的色泽略淡,色调粉润清雅,视觉效果上要柔和一些,因此也被称为"软彩"。由于施绘时用西洋进口的珐琅彩料代替传统的五彩料,因此,乾隆时期的清宫档案中也将粉彩称为"洋彩"。

粉彩瓷的制作工艺比五彩要更复杂一些。瓷艺匠人先用玻璃白在高温烧成的素白瓷上打底,然后用芸香油调和

第三章　中华瓷器的绚烂釉彩

的珐琅彩料以渲染法绘制出图案，再入窑烘烤将珐琅彩料固化。玻璃白的主要成分是氧化硅、氧化铅和氧化砷，氧化硅形成玻璃层，氧化铅为助熔剂，氧化砷起乳浊作用，使玻璃层呈现乳白色。渲染法以色彩的浓淡表现画面的明暗，效果比五彩瓷的直线平涂更自然。

珐琅彩是一种比传统瓷釉更为浓艳的玻璃质彩釉。珐琅彩瓷器作为一种名贵的御用瓷器，始产于康熙晚期，停产于乾隆早期，整个生产周期只有四十余年。

康熙时期的珐琅彩瓷仿铜胎画珐琅技法，只在瓷器内壁和圈足内部施白釉，外壁不施釉，在涩胎上施色，然后彩绘。雍正时期，开始在烧好的素白瓷地上进行彩绘，且自炼出了色彩更丰富的珐琅彩料。乾隆时期的珐琅彩瓷结合了两种技法，常在瓷器主体区域用白瓷地上彩绘，颈部、足部等过渡区域施色再彩绘，达到了更好的装饰效果。

七、釉下彩

釉下彩也是一种常见的陶瓷加彩装饰，只需一次烧制。制作釉下彩瓷器时，瓷艺匠人要用彩料在晾干的素胎上绘制出各种纹饰，然后施白釉或其他浅色透明釉，再入窑高温烧成。

釉下彩与釉上彩相对应，也是一种主流的瓷器装饰技法。常见的釉下彩有青花、釉里红、青釉釉下彩、白釉釉下黑彩等。

青花用的彩料称为"青料"，以氧化钴为主要着色剂，以氧化锰、氧化铁调色，彩绘后施白釉。青花呈色稳定鲜亮，风格恬淡素雅，烧成率也比较高，在元、明、清三代都是主流的釉下彩瓷器。

元代青花瓷使用两种青料，一种为国产，另一种为进口。国产青料中锰的含量较高，铁的含量较低，色泽较暗淡，蓝中闪灰；进口青料中锰的含量较低，铁的含量较高，

第三章 中华瓷器的绚烂釉彩

色泽较浓艳，可见铁锈色至黑褐色的斑点。

明、清两代，使用的青料主要有进口的苏麻离青、回青和国产的浙青、平等青、珠明料、石子青等。明代初期的官窑多用进口的苏麻离青，从成化年间开始，苏麻离青逐渐被回青和国产青料所代替。清代康熙年间的官窑多用珠明料，色泽鲜亮，青翠欲滴。民窑则多用石子青，色泽灰暗。

釉里红用的彩料称为"铜红料"，以氧化铜为主要着色剂，彩绘后施白釉。釉里红色泽鲜艳喜庆，具有很强的装饰效果，但铜元素只有在高温还原气氛中才能呈现红色，所以烧成率很低，产量一直不高。有一些瓷器上会同时施青花和釉里红两种彩料，称为"青花釉里红"。如果同时施青花、釉里红、豆青三种彩料，则称为"釉下三彩"。

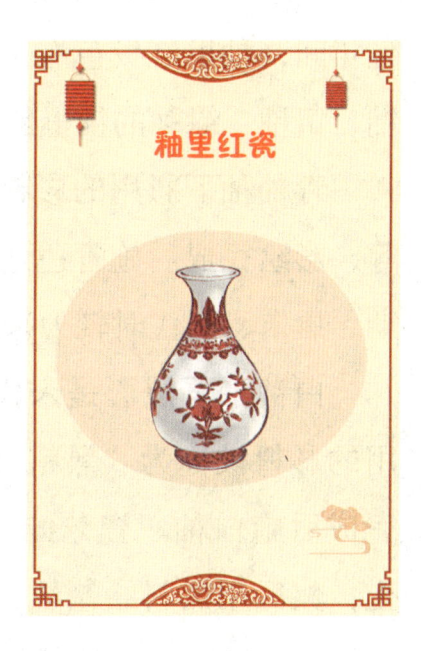

釉里红瓷

元代已经出现了釉里红瓷，但这一时期的釉里红发色偏黑、偏暗，纹饰多晕散模糊，技术还不成熟，不能很好地控制铜红料的烧成气氛。明代洪武时期，釉里红瓷的烧制技术有所进步，但发色和纹饰仍不理想。宣德时期，釉里红瓷的烧制技术终于发展成熟，表现为发色鲜艳，纹饰清晰。宣德之后，釉里红瓷烧制的数量大幅减少，技术逐渐失传。

清代康熙年间，又逐步恢复了釉里红瓷的烧制技术，且色泽有所提高。雍正年间，釉里红瓷的烧制技术达到了最高水平，呈色稳定鲜艳，尤以青花釉里红瓷器为佳。乾隆年间，釉里红发色有了一定的深浅层次，且出现了施青釉、黄釉、绿釉的釉里红。

青釉釉下彩用的彩料有褐彩、绿彩、褐绿彩、褐黑彩等，彩绘完成后施青色透明釉。这种装饰技法始于三国时期，唐末、五代时较为兴盛，之后历代都有继承和发展。

白釉釉下黑彩是宋代磁州窑系开创的一种装饰技法，用的彩料被称为"黑料"，以氧化铁为主要着色剂，绘制完成后施白釉。瓷艺匠人先在晾干的素胎上施一层化妆土，然后用黑料绘制纹饰或直接用黑料完全覆盖化妆土，再用针在黑料上剔掉黑彩，勾画出纹饰。这种装饰技法对比强烈，纹饰多为吉祥图案，广受民间喜爱。

八、斗彩

斗彩是釉上彩和釉下青花结合而成的一种装饰技法，因釉上、釉下色彩争奇斗艳、相得益彰而得名。也有人认为斗彩中釉上、釉下色彩似在相互逗趣，于是将其称为"逗彩"。古代精品斗彩瓷器主要集中于明代成化年间和清代雍正年间。

斗彩所用的釉上彩料颜色非常丰富，且普遍比较鲜艳，常见的有鲜红、油红、杏黄、姜黄、水绿、叶子绿、山子绿、孔雀蓝、姹紫、葡萄紫等。制作斗彩瓷时，瓷艺匠人通常先用青料双线在晾干的素胎上勾勒出纹饰的轮廓，然后施白釉，入窑高温烧结。待瓷胎冷却后，以釉上彩料填充轮廓，补全纹饰，然后再次入窑低温烘烤固化彩料。

斗彩的工艺与青花五彩相似，但二者呈现的视觉效果有明显区别。斗彩中的釉下青花用于勾勒轮廓，在画面中占据主要地位，釉上、釉下色彩交相辉映，平分秋色；青花五彩中的釉下青花只是作为一种组合颜色，与其他釉上彩料共同组成完整的纹饰，在画面中占据的地位远不如斗彩。

明代宣德年间，景德镇窑首次创烧出了斗彩瓷器。但这一时期斗彩瓷的烧制技术尚不成熟，烧制成功且流传下来的数量很少，因此难以确定当时的风格特色。

到了成化年间，斗彩瓷的烧制技术逐步发展成熟，开始大量烧造。这个时期的斗彩瓷多为小型器物，器型以杯、碗、瓶、盖罐为主，造型匀称秀丽，胎体细腻轻薄。器表的纹饰以花鸟、禽兽、人物为主，一般要用到三四种釉上彩料，多的要用到六种以上，色彩鲜艳而丰富。在使用姹紫彩料时，瓷艺匠人往往施彩较厚，使得对应区域表面的紫色非常浓厚，且明显缺少光泽。

成化年间的斗彩瓷代表了明代斗彩瓷的最高水平，当时烧造的鸡缸杯、高士杯、婴戏杯、三秋杯、葡萄杯、团花盖罐（天字罐）等都极为名贵。之后的嘉

第三章　中华瓷器的绚烂釉彩

靖、万历年间也曾烧制少量斗彩瓷，器型主要有杯、碗、盘、碟，且基本都是仿成化斗彩瓷的制品，艺术价值已不如成化斗彩。

清代康熙至乾隆年间，斗彩瓷器的产量较明代成化年间更高一些，同时也有一些发展和创新。康熙年间的斗彩瓷器型仍以杯、碗、罐、盘、笔筒等小型器物为主，但也有较大的花盆，代表器型为十二花神杯和仿成化斗彩的鸡缸杯。

雍正年间的斗彩瓷器器型变得更加丰富，既有仿成化斗彩烧制的杯、盘、瓶、罐等小型器物，也有较多用斗彩技法烧制的大型器物，且都达到了比较高的水平。与此同时，又在斗彩瓷中引入了金彩和珐琅彩，形成了斗彩加金彩、斗彩加珐琅彩的新工艺，让斗彩瓷变得更加富丽鲜艳。

乾隆年间的斗彩瓷基本延续了雍正年间的制法，各方面变化都不大。主要区别是雍正年间的仿古斗彩瓷基本只仿成化斗彩，器底多署雍正年款或不署款，只有少数寄托成化款。而乾隆年间的仿古斗彩瓷，既仿成化斗彩，也仿嘉靖、万历斗彩，且落款常寄托成化、嘉靖、万历款。

第四章

中华瓷器的多样题记

一、中华瓷器题记概述

瓷器题记通常是指在瓷器烧制过程中或烧制完成后在瓷器表面留下的各种文字或符号。这些文字、符号不仅是辨别瓷器年代、真伪的重要标识，更是反映中国古代不同时期、不同地域的社会政治、经济、文化形态，以及人民的生活状况、风俗习惯的实物例证。丰富多样的题记是中国古代瓷器文化的重要组成部分。

瓷器上的题记也叫"铭文""款识"，是指在瓷器上以刻、划、印、写等不同方法，记载制作该器的时间、地点或工匠的姓名、作坊牌号、监制者的姓氏以及订制该器的顾主姓名、堂名、图案标识或吉祥语等信息的文字或符号。

根据内容的不同，中国古代瓷器上的题记可以分为很多种，常见的有纪年款题记、室名款题记、仿写款题记、

第四章　中华瓷器的多样题记

陶人款题记、诗文款题记、赞歌款题记、花样款题记及其他特殊款题记等。

瓷器题记虽然只是瓷器上的附属标识，但对瓷器鉴定工作却有着极为重要的意义。陶瓷鉴定专家将瓷器题记与胎质、器型、纹饰、发色并列为瓷器鉴定五大要素，可见瓷器题记的重要性。

不同年代、不同地域出产的瓷器，在题记的内容、格式、字体、书法、工艺等方面普遍会存在一些差异。当我们对不同年代、不同地域瓷器的题记有了充分了解后，就可以通过观察题记对一件瓷器进行断代和辨伪。

当然，仅凭题记很多时候是无法准确判断瓷器的年代和真伪的。从古至今，有很多人为了迎合好古审美或谋取不当利益而刻意伪造或仿制某些年代、窑口的著名瓷器。随着时代的发展，伪造、仿制瓷器技术也在不断"发展进步"，导致瓷器的辨伪难度加大。

早期一些低劣的伪品，其题记经常不符合被伪造瓷器的时代和地域特征，基本只能骗过外行。但自清代以来，考据学兴盛，瓷器仿制技术也有了很大的提升，很多"精品"伪造瓷器，器表的题记甚至可以以假乱真。更有甚者会把真品残存的器底贴附到伪品的主体上，题记是真的，瓷器主体却是假的，更加大了鉴别的难度。

早在清代乾隆年间，就有很多仿前代的瓷器署前代的题记。一件署有"大明成化年制"题记的瓷器，很可能不是明代成化年间烧制的，而是清代乾隆年间烧制的。因此，只有对不同年代、不同地域出产的瓷器题记特征进行深入研究，再结合胎质、器型、纹饰、发色等特征仔细分析，才能做出准确的判断。

第四章　中华瓷器的多样题记

二、纪年款题记

纪年款题记是指通过写、刻、划等手法在瓷器表面标注瓷器制作年代的题记，在我国古代应用最为广泛。这种题记起源于三国时期，盛行于明、清两代，多见于景德镇官窑及民窑烧造的瓷器上。

根据纪年方式的不同，纪年款题记大致分为三种。第一种是普通年款题记，俗称"朝代款题记"，即直接以帝王年号来纪年的题记。这种纪年款题记是最多的，常见的明代"大明成化年制"、清代"大清乾隆年制"，都属于普通年款题记。

第二种是干支款题记，即用天干地支来标明器物具体年代的题记，如明代弘治年间瓷器上的"壬子年造"、清代康熙年间的"又辛丑年制"等。不过在现实中，这种直接用干支纪年的题记比较少，大多是与普通年款题记相结合，将干支附在帝王年号之后，如"大明成化元年乙酉""万历丁丑年造"等。

第三种是特殊年款题记,即只写某朝而不写具体年号的题记,如"大明年造""大清年制"等。这种题记的数量也不太多,主要为景德镇民窑使用。

我国的瓷器很早就开始使用纪年款题记,三国时期,东吴地区已经出现了署吴大帝孙权年号"赤乌十四年"款的青瓷器。北宋时期,有署宋神宗赵顼年号"熙宁四年"款的瓷器。元代时,有署元顺帝孛儿只斤·妥懽帖睦尔年号"至正十一年"款的青花瓶。

普通年款题记

需要注意的是,上述这些元代及元代以前的瓷器上署帝王年号的情况,其实都是个例,一千余年间也只出现过几次。直到明代永乐年间,在瓷器上署帝王年号才推广开来形成定制,并一直沿用到清末宣统年间。

关于官窑的纪年款题记,明代永乐年间的有"永乐年制""永乐元年""永乐四年吉日造",宣德年间的有"宣德年制""大明宣德年制""大明宣德癸丑年造",嘉靖年间的有"嘉靖年制""大明嘉靖年制""大明嘉靖年造""辛丑上用""甲辰年造""嘉靖丙申年平遥府"等形式。后世官窑多沿用这几种形式。

至于特殊年款题记,"大明年制"题记多见于正德、万历、天启、崇祯等朝。"大明年造"题记,见于景泰、成化、弘治、正德、嘉靖、天启、崇祯等朝,其中崇祯时期最多。"大清年制"题记,见于康熙、雍正、同治、道光等朝,数量较少。

这些纪年款题记有刻划、模印、釉上彩书写、釉下青花书写等多种署款方式,其中以釉下青花书写为主。文字大多署在瓷器外底中心处,也有一些署在瓷器内底心、口沿下以及肩、腹、柄、颈、足内沿等处。

纪年款题记所用字体以楷书为主,兼有篆书、行草等,排列方式多为自上而下竖写或自右向左横排。其周围大多加有边饰,常见的有双线圆圈、双线方框、单线圆圈、单线方框等。

三、室名款题记

室名款题记也叫"堂名款题记""斋名款题记""斋堂款题记""私家藏款题记",是指将私人住所或书房名称刻、印、书写于订烧瓷器上,作为私家用瓷或藏瓷标志的一种题记。这种题记始于宋代,兴于明代后期,盛行于清代康熙、乾隆、道光年间。

室名款题记的名目主要有堂名、斋名、轩名、殿名、楼名、阁名、室名、书房名、馆名等,如"中和堂""十砚斋""彩云轩""养心殿""绛月楼""远山阁""澹怀室""正谊书屋""椒声馆"等。

明、清两代的帝王多附庸风雅,室名款题记中带"宫"或"殿"字的瓷器,大多是皇帝本人订制的。在这种风气的影响下,很多皇亲贵族、高官豪绅、文人雅士、名工巧匠也都会订烧室名款题记瓷器,题记内容大多是

第四章 中华瓷器的多样题记

"××堂""××堂制"。

宋代署室名款题记的瓷器,主要出自定窑、汝窑、钧窑,大多采用镌刻的方式。定窑瓷器上的室名款题记有"奉华""风华""聚秀""禁苑""德寿""慈福"等,汝窑瓷器上的室名款题记有"奉华""寿成殿""皇后阁"等。这些题记大多是当时的宫殿名称,贡瓷入宫后由宫廷玉作匠师刻上。钧窑瓷器上也有"奉华"字样的室名款题记,但不是后刻,而是烧造前瓷艺匠人刻在瓷器外底的。元代时,龙泉窑曾烧制有室名款题记"使司帅府公用"的青瓷盘,"使司帅府"就是元代的使司元帅府。

此外,一批传世的钧窑瓷器上,有清宫造办处玉作匠人奉命镌刻的室名款题记,内容通常是清代的宫殿名称或与清代的宫殿名称有关,如"养心殿""重华宫""景阳宫""钟粹宫"以及"养心殿明窗用""重华宫漱芳斋用""重华宫金昭玉翠用""建福宫竹石假山用""建福宫凝辉堂用""瀛台虚舟用""瀛台静息轩用""瀛台涵元殿用"等。

明代署室名款题记的瓷器,主要出现于嘉靖及嘉靖以后的景德镇窑瓷器上,大多用青花或红彩书写。嘉靖年间的室名款题记有"东书堂""滋树堂""松柏草堂""茶房""大茶房""外膳房""内膳房""玉泉德记"等。万历年间的室名款题记有"芝兰室""博物斋藏""玄荫堂制""灌园督造""纯思堂用""青萝馆用""万历年纯思堂用"等。崇祯年间的室名款题记有"吾斋""丛菊斋""雨香斋""白玉斋""博古斋"等。

清代顺治年间,室名款题记较少,仅有"望仙楼""百花斋""百花斋制""梓桑轩制"等。康熙年间,室名款题记盛行一时,以带"堂""堂制""堂仿古制""堂博古制"字样的为主,兼有带"斋""斋制"的,带"轩""居""阁"的,以及带"清玩""清制""清赏""珍藏""珍玩""佳玩"的,等等。

清代雍正年间,室名款题记有所减少,主要是带"堂""堂制"字样的。乾隆、道光年间,室名款题记又开始流行,大多是带"堂""堂制""堂藏""斋""斋制"字样的。道光之后,瓷器上的室名款题记逐渐减少,到宣统时已经很少见了。

四、仿写款题记

仿写款题记也叫"寄托款题记",是指后世烧制的瓷器上仿照前朝或前代风格刻印、书写的题记。在一个朝代鼎盛时期烧制出的精品瓷器,后世的制品往往难以望其项背。而随着古瓷器的经济价值和审美价值水涨船高,便引来了后人的仿制。

仿写款题记基本只出现在仿古瓷器上,大多是仿前代的纪年款。民窑缺乏实物样品,又需要控制成本,因此民窑仿古瓷器上的仿写款题记大多不甚规整,很容易被内行识破。官窑有政府支持,可以不计成本地按照前代实物一比一仿制,因此官窑仿古瓷器上的仿写款题记往往能以假乱真。

明代成化年间的瓷器上,就已经出现了仿写款题记。1987年,景德镇珠山出土了两件具有重要意义的瓷器。其中一件是青花宝相花纹侈口小碗,外底上用青花料书"宣德年制"，外围饰有青花双圆圈。另外一件是青花七狮戏球纹碗，纹饰承宣德式样，外底上用青花料书"大明宣德年制"六字双行双圈款。这是我国目前发现的最早的仿写款题记。

到了正德年间，仿写款题记开始在景德镇流行。这一时期的仿写款题记主要仿宣德年款，于瓷器外底书青花双行"宣德年造""大明宣德年造""大明宣德年制"，外围饰青花双圈。此外，还有仿洪武年款的"洪武年造"题记，仿成化年款的"大明成化年制"题记。

嘉靖年间，仿写款题记主要仿制永乐年款、宣德年款、成化年款。仿永乐年款的五彩婴戏纹碗，于外口沿处横书青花楷书"大明永乐年制"，外围饰有矾红彩双重方框。仿宣德年款的有花卉纹盘、人物纹罐等，大多于瓷器外底书青花双行楷书"宣德年制"或"大明宣德年制"，外围饰青花双重圆圈或不加边饰。仿成化年款的题记大多于瓷器外底书青花双行楷书"大明成化年制"，外围饰青花单圈、双圈或双重方框。

第四章　中华瓷器的多样题记

隆庆年间，有仿宣德年款题记的青花瓷盘。万历年间，仿写款题记主要仿永乐年款、宣德年款、天顺年款、成化年款和弘治年款，文字外围的圆圈明显大于真品，比较容易辨识。天启至崇祯年间，景德镇民窑盛行仿写款题记，主要仿永乐年款、宣德年款、成化年款、弘治年款、隆庆年款、嘉靖年款、万历年款，字迹大多不甚规整，容易分辨。

清代康熙至雍正年间，景德镇的官窑、民窑均流行仿写款题记，明代各朝年款几乎都有仿写。常见的仿写款题记有"洪武年造""大明洪武年制""大明建文年制""永乐年制""大明永乐年制""大明宣德年制""成化年制""大明成化年制""大明弘治年制""正德年制""大明正德年制""大明嘉靖年制""大明隆庆年造""大明万历年制"等。

乾隆年间，仿写款题记明显减少，有"大明宣德年制""大明成化年制"等。清代晚期，仿写款题记进一步减少，有"成化年制""大清康熙年制""雍正年制""大清乾隆年制"等。

五、陶人款题记

陶人款题记又称"人名款题记",是指在瓷器上署陶工、作坊主、收藏者、督陶官等的姓氏或姓名的一种题记,对研究古代社会制度、生产关系有重要意义。这个类型的题记在瓷器上的应用最早出现于三国时期,流行于唐宋时期,至明清时期达到鼎盛。

1955年,江苏南京光华门外赵士岗吴墓出土了一件越窑青瓷虎子,上面刻划着"赤乌十四年会稽上虞师袁宜作"字样。"赤乌"是三国时期东吴大帝孙权的年号,"会稽上虞"是地名,"师袁宜"是当时的制瓷名匠。这是目前我国发现的最早应用于瓷器上的陶人款题记。

到了唐代,瓷器上的陶人款题记明显多了一些,并开始在姓氏或姓名的基础上增加瓷器名称和对瓷器的赞语,

第四章　中华瓷器的多样题记

形成一种复合式的陶人款题记。单署姓氏或姓名的工匠陶人款题记有"赵""李""张""何""冯""庞""庞家""陈""陈家""陈琪""李十造"等。姓氏加瓷器名称的陶人款题记有"裴家花枕""杜家花枕"等。姓氏加瓷器名称加赞语的陶人款题记有"郑家小口天下第一""卞家小口天下有名"等。

宋代商业极其繁荣,国内名窑林立,瓷窑之间竞争激烈。作坊主们为了树立自己的品牌声誉,纷纷在瓷器上署陶人款题记,陶人款题记的数量骤增。

德化窑和景德镇窑主要在瓷盒上使用陶人款题记,德化窑的有"林立""周家公夫""后山颐草堂雕造功夫""颐草堂先生雕造功夫"等。景德镇窑的有"段家合子记""蔡家合子记""吴家合子记""汪家合子记""蓝家合子记"等。

磁州窑和吉州窑主要在瓷枕上使用陶人款题记,磁州窑的有"李家枕""赵家造""张家造""滏阳陈家造"等。吉州窑的有"谢""郭立""舒家记""陈家印记""刘家印号"等。其他窑口如建窑、耀州窑、宜阳窑、临汝窑、新安窑、鹤壁集窑等也都有类似的陶人款题记。

元代时，陶人款题记有所减少，不过磁州窑的花磁枕上仍能见到"张家造""古相张家造"，龙泉窑的青瓷器上则有"张""高""仲夫""项正""项宅正窑"等。

明、清两代，陶人款题记主要集中在景德镇出产的瓷器上，龙泉窑、石湾窑、德化窑等窑口出产的瓷器上也能见到一些。

景德镇窑的陶人款题记有"沈氏""荆桂""唐英""雪庵""何玉清造""陈文显造""程氏自造""仙关吴震""峰霞山人""渭水渔翁""王远监造""紫芝主人监制""天顺七年大同马氏""天启三年唐氏制""道光年冯氏制"等。

龙泉窑的陶人款题记有"李氏""顾氏""石林""三槐""清河制造""张明工夫"等。石湾窑的陶人款题记有"杨升""可松""霍来""宝玉""大昌""陈粤彩""文如璧""冯铁来""两来正记"等。

德化窑的陶人款题记有"阇之""冶仙""明师""何朝宗""张寿山""林朝景""陈伟之印""林氏子信""文荣雅制""许裕源制""许云麟制""博及渔人""顺和苏记"等。

六、诗文款题记

诗文款题记是指在瓷器上刻、印、书写诗句、短文、对联、谚语等文艺形式的一种题记。这种题记受文人书画影响较大,大多采用书写的方式留在瓷器主体或外底上,风格自由洒脱,内容丰富翔实。诗文款题记搭配瓷器上精心设计的各种美丽纹饰,赋予瓷器更高的艺术价值。

唐代时,湖南长沙窑出产的瓷器多见诗文款题记,内容以诗歌为主,兼有谚语、格言、俗语等。题记中的诗歌内容非常丰富,虽多有别字,但并不影响其观赏价值。题记中的谚语、格言、俗语,或讲述一些哲理,或反映现实生活,表现民间意趣,同样难能可贵。受限于篇幅,我们主要介绍题记中的诗歌。

在这些诗歌中,有些是前代或当代著名诗人的佳作,如"主人不相识,独坐对林全。莫慢愁酤酒,怀中自有钱"。这首诗是贺知章的《偶游主人园》，原文是："主人不相识，偶坐为林泉。莫谩愁沽酒，囊中自有钱。"

还有表现男儿雄心壮志的诗歌，如"男儿大丈夫，何用本乡居。明月家家有，黄金何处无"。表现边塞征战之苦的诗歌，如"一月三场战，曾无赏罚为。将军马上坐，将士雪中归"。表现游子的思乡之情的诗歌，如"夜夜挂长钩，朝朝望楚楼。可怜孤月夜，沧照客心愁"。

也有一些诗歌主要表达男女爱情中的幽怨相思之情，如"君生我未生，我生君已老。君恨我生迟，我恨君生早""自从君别后，常守旧时心。洛阳来路远，还用几黄金""一别行千里，来时未有期。月中三十日，无夜不相思"等。

宋代时，诗文款题记在磁州窑的瓷器上得到了继承和发展。这一时期的诗文款题记不仅有诗歌，还有词、曲、记事文等多种形式。这些诗文中既有唐宋时期文人雅士的佳作，又有平民百姓朴实的情感流露。

还有些诗文是结合器物功能所作，类似今天的广告

第四章　中华瓷器的多样题记

词,如"久夏天难暮,纱橱正午时。亡机堪昼寝,一枕最幽宜""欲向名园倒此观,主人嫌客户长宥,何如柳下眠芳草,报谷啼壶唤不醒"等。

磁州博物馆收藏的一件宋代瓷枕上就写有一篇《枕赋》,赋中详细介绍了瓷枕的来历、质地、款式、产地以及对瓷枕的热爱。

上海博物馆收藏的一件瓷枕上有改写自唐代名诗《枫桥夜泊》的题记:"叶落猿啼霜满天,江边渔父对愁眠。"

此外,还有一些描绘自然的风景诗、感叹人生的哲理诗、记叙历史的叙事诗等。

清代康熙至乾隆年间,诗文款题记一度盛行。康熙年间的一些青花笔筒外壁上写满了诗文款题记,内容主要是《滕王阁序》《赤壁赋》《后赤壁赋》等古代名作。

雍正年间的一些珐琅彩瓷上诗、书、画、印齐备,完全称得上是以瓷器为载体的书画作品,艺术价值极高。乾隆年间的瓷器上多御制诗,内容多为赞颂器物本身,受限于篇幅,不再展开介绍。

七、赞歌款与花样款题记

赞歌款题记是指瓷器上以赞美瓷器、祈求吉祥为主题的文字题记，花样款题记是指瓷器底部非文字的图案纹样题记。这两种题记不像纪年款题记、室名款题记那么正式规整，也不像诗文款题记那样丰富翔实，但其中蕴含的美好寓意广受人们喜爱，因此在宫廷和民间都占有一席之地。

赞歌款题记历史悠久，内容丰富。三国、两晋时，已经出现与纪年款连用的赞歌款题记，如"永安三年时，富且洋，宜公卿，多子孙，寿命长，千意万岁未见央""元康出始宁，用此甓，宜子孙，作吏高，其乐无极"等。

宋、金、元时期，赞歌款题记已经较为流行，常见的有"福""寿""富""吉""福德""富贵""大吉""宝用""金玉满堂""福德长寿""福寿康宁""镇宅大

第四章 中华瓷器的多样题记

吉""家国永安""玉出昆山""富贵长命大吉""福如东海寿比南山"等。

明代时，赞歌款题记也一直流行，其中嘉靖、万历年间最为盛行。这个时期的赞歌款题记以四字、六字款为主，兼有单字、双字、八字等款。单字的有"福""禄""寿""辰"等；双字的有"寿福""琊金""上品""美器"等；四字的有"金玉满堂""长命富贵""天下太平""永保万年"等；六字的有"永保富贵长春""永兴卞玉奇明"等；八字的有"万历年制德化长春""万历年制玉堂佳器"等。

清代时，赞歌款题记在康熙年间最为盛行，其他时候也有使用。顺治年间有"雅""玉堂佳器""皇帝万岁万万岁"等；康熙年间有"万寿无疆""周元佐助""世代联芳""洪福齐天""文章山斗"等；雍正年间有"清玩""福山寿海""千秋如意""精雅古玩""华章珍日精制"等；乾隆年间有"赏""雅玩""玩玉""慧福寿""瑶华清赏""天竺恩波""葆灵珍藏"等；乾隆之后有"吉祥

如意""富贵白头""福海珍藏"等。

花样款题记的内容也非常丰富，常见的有八卦、八宝、十二章、太极图、琴棋书画等博古图案，轮、螺、伞、盖、花、罐、鱼、肠等佛教符号，葫芦、花篮、荷花、宝剑、绰板、笛子、渔鼓、扇子等道家符号，还有龙、凤、鹿、鹤、松、竹、梅、灵芝、祥云、雪花、"四朵花""豆腐干"等祥瑞图案。

明代时，景德镇瓷器上已经出现了花样款题记，但并不是很流行。永乐年间，有绘龙纹的青花葵口碗和绘雪花图案的青花加金彩苜蓿花纹碗。宣德年间，有绘凤纹的青花葵口洗。成化年间，有绘牡丹、鹤莲的青花瓷器。嘉靖年间，有绘蓝彩小兔的蓝彩花卉小盘。万历年间，有绘灵芝的青花加红绿彩八仙人物梅瓶。天启年间，有绘一兔或一花朵的青花人物罐。

清代康熙、雍正年间，景德镇民窑瓷器上开始盛行花样款题记。康熙时的花样款题记有鼎、螺、犀角、双鱼、双龙、团凤、仙鹤、盘肠、方胜、灵芝、竹子、兰花、梅朵、梅枝、鹭莲、团花、蕉叶、银锭、祥云、"豆腐干"以及各种变形文字等。雍正时有鼎、龙、凤、鹤、灵芝、人物、蝙蝠、"四朵花"、"豆腐干"等。雍正之后，瓷器上的花样款就很少见了，主要有蝙蝠、寿桃、雪花、盘长等。

第五章

中华瓷器的精美纹饰

一、中华瓷器纹饰概述

纹饰是瓷器上各种装饰纹样的总称，主要作用是增加瓷器的观赏价值，表达人们的愿望和志趣。不同时代、不同地域，人们的审美意趣、风俗习惯、技术条件都存在差异，这些差异在瓷器纹饰上有着明显的体现。精美繁复的纹饰，是中华瓷器文化的重要组成部分。

早期的瓷器纹饰大多比较简略，装饰效果也比较有限，如弦纹、网纹、水波纹等简单的几何纹。在后来的发展中，逐渐演变出了复杂一些的几何纹，如云纹、钱纹、螺旋纹等。之后，又出现了纹样更加复杂、装饰性更好且附带寓意的动物纹、植物纹、人物纹、吉祥纹、宗教纹等。

纹饰的演变自然离不开装饰工艺的进步。早期的装饰工艺有印花、划花、刻花、剔花等，相对比较简单。随着

第五章　中华瓷器的精美纹饰

技术的发展，又出现了贴花、彩绘、镂空等较为复杂的装饰工艺。

印花是指用刻有花纹的印模在尚未干透的瓷器坯体上印出花纹或者直接用有纹样的模具制坯在坯体上留下花纹。印模或模具都是提前精心制好的，这样印出的纹饰构图严谨，层次分明，繁复却不显杂乱。

划花是用竹针或铁针等工具，以白描的手法在瓷器坯体上划出线状花纹。这种手法自由度很高，线条流畅自然，但对工匠的技术要求也较高，图案一般比较简洁，常与刻花、剔花结合使用。

刻花是用竹刀或铁刀在瓷器坯体上刻出纹样。这种手法有深浅、宽窄、虚实、疏密、方圆等多种变化，留下的纹样更具立体感，对工匠的技术要求自然也更高。

剔花是在瓷胎表面施釉或化妆土，用工具刻划出花纹，然后将花纹部分或纹样以外的釉层或化妆土层剔去。这种手法类似浅浮雕，立体感较强，装饰效果极佳。

贴花是将模印或捏塑的各种人物、动物、花卉等纹样的泥片用泥浆粘贴在已成形的瓷器坯体表面。这种手法制作出的纹样立体感很强，视觉效果极为生动。

彩绘是用毛笔蘸各种颜料在瓷器上绘制纹饰的装饰方法，用金彩描绘的也叫"描金"。这种手法往往能表现出丰富的内容和细腻的笔触，具有很高的艺术价值。

镂空是指在瓷器坯体未干时，用雕透器壁的方式雕出装饰花纹。这种手法难度较大，纹饰一般比较简单，常与彩绘结合使用，视觉效果更加精妙。

了解不同时代、不同地域古瓷器上各种纹饰的内容和表现手法，可以领略当时、当地的审美意趣、风俗习惯，理清瓷器装饰工艺的发展过程，从而更好地欣赏中华瓷器。

二、动物纹

动物纹是瓷器上描摹现实或传说中动物形象的一类纹饰，既有具象写实的，也有抽象写意的。这种纹饰中的动物种类繁多，千姿百态，大多有美好的寓意。

中国古代瓷器上常见的动物纹包括鱼纹、龙纹、鸟纹、鹿纹、狮纹、蝴蝶纹、麒麟纹、饕餮纹等。

鱼纹描摹的主要是鲤鱼、鲫鱼、鲢鱼、鲭鱼、鲐鱼等鱼类形象，其中鲤鱼最多。鱼纹常单独作为主体纹饰，但也有与其他纹样组合成的鱼鸟纹、鱼藻纹、海水鱼纹、鱼戏莲花纹等。这种纹样的主要寓意是年年有余、连年有余、吉庆有余，表现了人们对富裕生活的向往。

龙纹描摹的主要是中国古代神话传说中神通广大的龙。龙的形象是多种动物的结合体，有角似鹿、头似驼、眼似兔、项似蛇、腹似蜃、鳞似鱼、爪似鹰、掌似虎、耳似牛的说法，表现在纹样上则有立龙纹、行龙纹、卷龙纹、蟠龙纹、云龙纹、海水龙纹、穿花龙纹、戏珠龙纹等多种形式。这种纹样的主要寓意是吉祥富贵，同时也是皇权的象征。

鸟纹描摹的主要是凤、鹤、大雁、鸳鸯等鸟类形象。凤是百鸟之王，寓意富贵吉祥，常与龙结合组成龙凤呈祥纹。鹤在古代被认为是一种仙禽，常伴仙人左右，寓意长寿。大雁常与芦苇结合组成芦雁纹，表现一种闲散野逸的意趣。鸳鸯是爱情的象征，寓意百年好合、白头偕老。

鱼纹

鹿纹描摹的主要是灵动的野鹿，也有些只描绘鹿角纹样。中国古代神话传说中的仙人多以鹿为坐骑，因此这种纹样的寓意主要为长寿吉祥，也表现出人们对仙人自由超脱生活的向往。

狮纹描摹的主要是威猛的狮子，有单独的雄狮，有抚育幼崽的雌狮，还有胡人骑狮、狮子戏绣球、双狮追逐嬉戏等多种形式。狮子在世俗中是权力和威严的象征，在佛教中也有崇高的地位。狮纹的寓意主要是驱恶镇邪。

蝴蝶纹描摹的主要是各种蝴蝶，有双蝶纹、飞蝶纹、花蝶纹、瓜蝶纹等多种形式。双蝶纹常寓意美好的爱情；飞蝶纹多表达一种恬淡的志趣；花蝶纹即蝶恋花，表达缠绵悱恻的情感；瓜蝶纹谐音"瓜瓞"，由瓜蔓与蝴蝶组成，寓意多子多孙。

麒麟纹描摹的主要是中国古代神话传说中的祥瑞神兽麒麟。麒麟头生双角，身体像麋鹿，遍体鳞甲，尾像牛尾，经常单独作为主体纹饰，也有麒麟飞凤纹、麒麟送子纹、麟吐玉书纹等形式。这种纹样的寓意主要为吉祥如意。

饕餮纹描摹的主要是古代神话传说中的凶兽饕餮。饕餮有首无身，贪食无厌，关于这种纹样的寓意有多种观点，有人认为是为表现威严，有人认为是警示人们戒除贪欲，还有人认为是借其凶恶形象驱除邪祟。

除了上述这些之外，动物纹还有夔纹、螭纹、海马纹、摩羯纹等。

三、植物纹

植物纹是瓷器上描摹各种植物形象的一类纹饰，既有较完整的植株，也有局部的花、叶、荚、果实等。与动物纹一样，植物纹也普遍有着各种美好的寓意。

中国古代瓷器上常见的植物纹包括莲花纹、莲瓣纹、宝相花纹、牡丹纹、菊花纹、冰梅纹、百花纹、木叶纹、海石榴纹、岁寒三友纹等。

莲花纹描摹的主要是较完整的莲花植株，有仰覆莲、串枝莲、缠枝莲、折枝莲、一把莲、二把莲、三把莲等多种形式。莲花是高洁君子的象征。受佛教和文人书画的影响，这种纹样在中国古代流行了很长时间。

莲瓣纹描摹的主要是莲花的花瓣，同样有多种不同的形式。根据莲瓣的层次，可将莲瓣纹分为单层莲瓣、双重莲瓣及多重莲瓣。根据莲瓣的形态，又可分为仰莲瓣、覆莲瓣、尖头莲瓣、圆头莲瓣、变形莲瓣、单勾线莲瓣、双勾线莲瓣等。

宝相花纹是将自然花卉进行艺术化处理后得到的纹样，原型以莲花为主。这种纹样有两种形式，一种是平面团形，由八个小圆珠和八瓣小花组成花心，八片平展的莲瓣构成花头，莲瓣尖端呈五曲形，各瓣内又填饰三曲小莲瓣；另一种是立面层叠形，半侧面的勾莲瓣层层绽开。

牡丹纹描摹的主要是浓丽鲜艳的牡丹，有独枝牡丹、交枝牡丹、缠枝牡丹、串枝牡丹、折枝牡丹等多种形式，还有与莲花、菊花、梅花等组成的四季花。这种纹样的寓意为富贵吉祥。

牡丹纹

菊花纹描摹的主要是清净素雅的菊花，有团菊花、扁菊花、缠枝菊花等多种形式。这种纹样的寓意是吉祥长寿。

冰梅纹描摹的主要是傲雪斗霜的梅花，有朵梅、枝梅等形式。梅花能在冰天雪地之中盛放，在老干上发出新枝，常出现在仙人左右，象征不老不衰。在民间，梅花五瓣也象征五福，即福、禄、寿、喜、财。

百花纹是由多种花卉图案组合而成的纹样，由于纹饰繁密满布器身，几乎不见底色，有"百花不露地"的说法。百花纹构图多以牡丹花为主，兼绘荷花、茶花、菊花、月季花、百合花、牵牛花等花卉，百花争妍，五彩缤纷。这种纹样的寓意是百花呈瑞、吉祥如意。

木叶纹是把经过处理的植物叶片贴在瓷坯上的一种纹样，有单片树叶作为主纹饰的，也有两片或多片错落交叠的。这种纹样主要表现一种自然之美。

海石榴纹描摹的主要是花苞之中长满石榴籽或盛开的花朵中露出石榴果。石榴的果实中有许多石榴籽，常与蝴蝶、葡萄、莲花、宝相花等纹样组合，寓意多子多福。

岁寒三友纹描摹的主要是松、竹、梅三种耐寒植物。松、竹、梅不畏严寒，傲雪斗霜，象征着君子刚正廉洁、不畏强权的优秀品质。

除了上述这些之外，植物纹还有葡萄纹、西瓜纹、芭蕉纹、卷草纹、绣球花纹等。

四、人物纹

人物纹是一种以现实人物或宗教、神话人物为题材的装饰纹样。瓷器上的人物纹最早出现于魏晋时期，之后历代均有沿用、发展，内容也变得越来越丰富。

中国古代瓷器上常见的人物纹包括舞蹈纹、婴戏纹、高士图、仕女图、耕织图、渔家乐图、刀马人图、竹林七贤图、历史故事图等。

舞蹈纹描摹的主要是奏乐、唱歌、跳舞的艺人，画面生动热闹，注重表现艺人的身姿形态。瓷器上的舞蹈纹始于魏晋时期，到清代时仍比较常见，表现技法主要有刻花、模印、贴花、彩绘等。

婴戏纹描摹的主要是做游戏的儿童，有戏花、戏球、戏鹿、戏鸭、钓鱼、蹴鞠、划船、抽陀螺、放爆竹、放风筝、骑竹马等多种形式，生动形象地表现了儿童的活泼可爱。瓷器上的婴戏纹始于唐代，盛于明、清，表现技法主要有刻花、印花、彩绘等。

高士图描摹的主要是古代有高尚品行的文人雅士，如王羲之爱鹅、爱兰，陶渊明爱菊，周茂叔爱莲，林和靖爱鹤，以及在山水间访友吟诗的隐士。高士图常见于元、明、清三代的瓷器上，表现技法主要为彩绘。

仕女图描摹的主要是各种生活场景下的仕女。瓷器上仕女的装束、姿态都带有明显的时代特征，一定程度上还原了古代贵族妇女的生活。瓷器上的仕女图始于唐代，盛于明、清，表现技法主要为彩绘。

耕织图描摹的主要是耕田种地、养蚕织布的劳动人民，生动地还原了古代劳动人民的生产生活方式。瓷器上的耕织图始于南宋，盛行于清代康熙年间，表现技法主要为彩绘。

渔家乐图描摹的主要是以捕鱼为生的人家，常见的场景有渔舟唱晚、独钓寒江、饮酒庆丰收等。渔家乐图常见于清代康熙年间的青花瓷器上，表现技法主要为彩绘。

刀马人图描摹的主要是习武或作战的历史人物，如五霸争雄、火烧赤壁等。刀马人图常见于清初景德镇窑的瓷器上，表现技法主要为彩绘。

竹林七贤图描摹的主要是魏晋时期的七位名士：嵇康、阮籍、阮咸、山涛、向秀、刘伶、王戎，他们常在竹林中聚会饮宴，吟诗抚琴。竹林七贤图常见于明清时期景德镇窑的瓷器上，表现技法主要为彩绘。

历史故事图描摹的主要是演义、戏曲中的历史故事，如"萧何月下追韩信""陈平分祭肉""明妃出塞""三顾茅庐""风尘三侠""尉迟恭单鞭救主""薛仁贵荣归故里"等。历史故事图常见于元明清时期的彩瓷上，表现技法主要为彩绘。

五、几何纹

几何纹是一种较为简单原始的装饰纹样，是以点、线、面组成的多种规则的几何图形。这种纹饰早在新石器时代的陶器上就已出现，之后历代均有沿用。

中国古代瓷器上常见的几何纹包括弦纹、水纹、网纹、回纹、钱纹、云纹、雷纹、编织纹、曲折纹、螺旋纹、带状纹等。

弦纹是水平环绕瓷器的细长线条形纹样，有凹凸、粗细、尖方、单复等不同形态。弦纹的表现技法主要是刻划，兼有彩绘、堆贴等。

水纹是模拟水流动形态的纹样，也叫"水波纹""波状纹""波浪纹"，注重表现水流漩涡的称为"涡纹"，注重表现海水波涛的称为"海涛纹"。水纹的表现技法主要有刻划、拍印、模印、彩绘等。

第五章　中华瓷器的精美纹饰

网纹是方格以二方或四方连续形式展开形成的纹样，形如渔网，也叫"网格纹""方格纹"。根据展开的方向和线条的曲直，又可分为直线网格、斜线网格和曲线网格。网纹的表现技法有刻划、拍印、压印、彩绘、镂空等。

回纹是方折形卷曲的线条状纹样，形如"回"字，有单体、一正一反相连成对和连续不断的带状形等多种形式，多用于装饰器物的口部或颈部。回纹的表现技法有刻划、模印、彩绘等。

钱纹是圆圈中有内向弧形方格的纹样，形似古代铜钱，多为二方或四方连续展开，也有圆圈两两相交成串的形式。钱纹的表现技法主要是刻划、印花和彩绘。

云纹是圆弧形卷曲的线条纹样，形似云朵，有灵芝形云、蝌蚪形云、风带如意云、如意头形云等多种形式。云纹的表现技法主要为刻划、印花，多与龙、凤、蝙蝠等搭配，象征吉祥如意。

雷纹是方折的回旋形线条纹样，多为二方或四方连续

式展开。雷纹的表现技法有刻划、拍印、压印、彩绘等。

编织纹是竹篾、苇茎、藤条、麻丝等编织材料印在瓷坯上的印痕纹样及后世模拟这些印痕制作的纹样，有席状、筛状、方格状、叶脉状等多种形式，常用作器表的底纹或边饰。编织纹的表现技法有刻划、拍印、压印、镂空、彩绘等。

曲折纹是长线条连续折曲而成的带状纹样，也叫"曲尺纹""曲带纹""波折纹""三角折线纹"等。短直线、横线、斜线连续或间断组成的单纯与复合带状纹样也属于曲折纹。曲折纹的表现技法有刻划、拍印、彩绘等。

螺旋纹是形似流水漩涡的纹样，相较于涡纹通常会更规整一些，有单个左右排列、四方连续排列等形式。螺旋纹的表现技法主要是刻划、彩绘。

带状纹是环绕瓷器的二方连续条带形状纹样，有素面宽带纹、带状鱼鸟纹、带状网格纹、带状云雷纹、带状曲折纹、带状几何纹等多种形式。带状纹的表现技法主要有刻划、压印、彩绘、镂空等。

除了上述这些纹样之外，几何纹还包括条纹、布纹、剔刺纹等。

六、吉祥纹

吉祥纹是各种突出吉祥寓意纹样的总称。吉祥纹虽然大多由动物、植物、人物、几何图案等组合而成，但其核心并非这些组成部分，而是和这些组合名称谐音的吉祥词语。

中国古代瓷器上常见的吉祥纹包括杂宝纹、福寿吉庆纹、福寿三多纹、五福捧寿纹、洪福齐天纹、安居乐业纹、太平有象纹、日日见喜纹、独占鳌头纹、一路连科纹、平升三级纹等。

杂宝纹是各种宝物图案组成的纹样，其中包括笔、磬、鼎、火珠、火焰、法螺、珊瑚、犀角、银锭、双钱、祥云、灵芝、艾叶、葫芦、卷书、方胜等。杂宝纹始于元代，盛行于明、清两代，主要作为辅助纹饰，寓意吉庆富贵、生活红火。

福寿吉庆纹是由蝙蝠、寿桃或团寿字、戟、磬四种图案组成的纹样。蝙蝠谐音"福",寿桃或团寿字取其"寿",戟谐音"吉",磬谐音"庆",寓含福寿吉庆的美好祝愿。与福寿吉庆纹类似的还有蝙蝠、鹿、蟠桃、松鹤组成的福禄寿纹,蝙蝠、寿桃或团寿字、双钱组成的福寿双全纹,戟、磬、鱼组成的吉庆有余纹等。

福寿三多纹是由佛手、寿桃、石榴三种图案组成的纹样。佛手谐意"福",寿桃取其"寿",石榴取其"多子",寓意多福、多寿、多子。此外,还有在福寿三多纹的基础上增加九柄如意的三多九如纹。九柄如意寓意"九如",指如山、如阜、如陵、如岗、如川之方至、如月之恒、如日之升、如松柏之茂、如南山之寿,皆为祝颂之意。

福寿吉庆纹

五福捧寿纹是由五只蝙蝠和寿桃或寿字组成的纹样。五福分别为寿、富、康宁、好德、孝终命。这种纹样有的是一只蝙蝠立在寿桃或寿字上,四只蝙蝠环绕的图案,有的是寿桃或寿字居中,五只蝙蝠环绕的图案。类似的还有由漫天飞舞的红色蝙蝠组成的洪福齐天纹。

第五章　中华瓷器的精美纹饰

安居乐业纹描绘的是鹌鹑落在树叶上的场景，鹌鹑谐音"安"，落谐音"乐"，叶谐音"业"，表达了古代人民对安定美好生活的向往。

太平有象纹是一种大象驮着宝瓶图案的纹样。瓶谐音"平"，寓意太平，大象取其"象"字，代指气象、景象。二者结合在一起，寓意天下一片太平景象。

日日见喜纹是月亮和喜鹊组成的纹饰，因大多绘一个月亮和三十只喜鹊，也叫"一月三十喜"，寓意一个月三十天，每一天都有喜事发生。

独占鳌头纹是由状元形象的人物和巨鳌组成的纹饰。身着官服的状元站在腾起的巨鳌头顶上，寓意科举获得好成绩，仕途顺利。类似寓意的还有鹭鸶和莲花组成的一路连科纹，瓶、笙和瓶内三支戟组成的平升三级纹等。

第六章

中国古代
著名瓷窑

一、中国古代瓷窑概述

中国古代曾有过许多窑场,有些已经消亡在历史的长河中,有些则一直延续至今。受到不同地区环境资源、风俗审美的影响,窑场在生产方式、工艺技术、装饰技法等方面都有所差异,逐渐形成了各自的特色。星罗棋布的窑场,是中华瓷器文化的重要标志。

首先,介绍一下窑场、窑址和窑系的概念。窑场俗称"窑口",即古代的陶瓷产区,包括原料产地、制瓷作坊、烧瓷窑炉及废品堆积地。窑址是烧造陶瓷器物的窑口遗址,可以指一个窑场的遗址,也可以指一个较大的窑群遗址,一般由窑炉和作坊两部分组成。窑系即瓷窑体系,如果一批窑场出产的瓷器在造型设计、生产工艺、胎釉成分、釉面色彩、装饰技法等方面相同或相近,就会被划分为一个窑系。

第六章　中国古代著名瓷窑

商周时期，原始青瓷刚刚从陶器中分离出来，由于烧造陶器和瓷器所需的温度和烧成气氛差别不大，窑场大多同时烧造陶器和瓷器。随着制瓷工艺逐渐成熟，烧造陶器和瓷器所需的温度和烧成气氛产生了较大差异，瓷窑才逐渐从陶窑中独立出来。从现存的诸多窑址中，我们可以清晰地看到瓷窑发展的脉络。

宋代以来，民间制瓷业越发繁荣，逐渐形成了许多重要的窑系，如定窑系、钧窑系、龙泉窑系、磁州窑系、耀州窑系、景德镇窑系等。各个窑系出产的瓷器都有其代表品种，如定窑系的白瓷、钧窑系的红瓷、龙泉窑系的青瓷、磁州窑系的白地黑花瓷、耀州窑系的刻花青瓷、景德镇窑系的青白瓷等。

接下来，介绍一下瓷窑的分类。根据不同的形制，烧瓷的窑炉可以分为龙窑、馒头窑、阶级窑、蛋形窑等多个种类。龙窑也叫"长窑""蛇窑""蜈蚣窑"，依山坡砌筑而成，窑身为长条形，形似长龙，主要流行于南方山区。馒头窑也叫"圆窑"，是在平地上砌筑而成，火膛和窑

室合并为一个半球形的空间，形似馒头，主要流行于北方平原。

  根据不同的火焰走向，烧瓷的窑炉又可以分为平焰窑、半倒焰窑、倒焰窑等多个种类。平焰窑内的火焰与窑身平行流动，窑内升温快，烧成时间短，龙窑就是典型的平焰窑。半倒焰窑和倒焰窑都属于馒头窑，排烟孔开在窑室后壁下部，半倒焰窑内的火焰喷向窑室顶部后倒向后半部，倒焰窑内的火焰喷向窑室顶部后倒向窑底。与半倒焰窑相比，倒焰窑窑内温差更小，燃料利用率更高。

  最后，再介绍一下官窑和民窑。官窑即古代官府营建和主持的窑场，占据了优质的原料、优秀的工匠、先进的工艺，但也受到诸多限制，烧造出的瓷器形制规整，专供宫廷使用。民窑即古代民间营建和主持的窑场，没有官窑那样的优质资源，但受到的限制较少，烧造出的瓷器在造型、纹饰等方面更多样化，可以满足民众的实用和审美需求。

第六章 中国古代著名瓷窑

二、邢窑与越窑

邢窑与越窑是唐代最著名的两处窑场。邢窑的烧造历史较短，始烧于北朝，兴盛于唐代，衰落于五代。越窑的烧造历史则长得多，始烧于商周时期，兴盛于唐代、五代，衰落于北宋中期。邢窑白瓷和越窑青瓷在唐代闻名天下，在中国瓷器史上有很高的地位。

邢窑是唐代著名的白瓷产地，也是我国北方最早烧制白瓷的窑场，窑址位于现在河北省邢台市的内丘县、临城县一带，唐代时属邢州管辖，因此得名。唐代文学家李肇所著《国史补》中称："内丘白瓷瓯，端溪紫石砚，天下无贵贱通用之。"足见当时邢窑白瓷的兴盛。

北朝时期，邢窑以烧制青瓷为主。在烧制青瓷的基础上，工匠们不断精选铁含量较低的原料烧制出原始白瓷，之后又烧制出化妆白瓷，为隋以后白瓷的发展奠定了基础。到了隋代时期，邢窑开始由青瓷向白瓷转型。此时邢窑的规模扩大，窑场增多，白瓷烧制质量有了极大的提升，从最初的粗胎化妆白瓷逐渐向细白瓷过渡。

初唐时期，白瓷的生产量增大，但仍兼烧黄釉瓷、青瓷。此时的白瓷质量优于隋代，器形与隋代类似。中唐时期是邢窑的极盛时期。此时的瓷器质量达到了相当高的水平，器物种类增多，制瓷工艺纯熟，产量大大超过隋代细白瓷，不仅畅销国内外，还曾一度被朝廷纳为贡品。到了唐代后期，受战乱与原料短缺等因素的影响，邢窑白瓷逐渐衰落。五代时期，邢窑白瓷的质量已明显下降。宋金时期，邢窑仍在烧造瓷器，但其在制瓷业的地位早已不复当年。元代时，邢窑瓷器曾获得过短暂的发展。在元朝灭亡后，邢窑也随之退出了历史舞台。

邢窑白瓷有粗细两种，粗白瓷数量较多，细白瓷质量更佳。这些白瓷造型规整，工艺精良，胎骨坚硬厚重，胎质洁白细腻，器表均施满釉，釉面光洁透亮，叩击时有金石之声。邢窑白瓷常见的器型有碗、盘、瓶、罐、壶、托子等，流传下来的以盘、碗居多。除白瓷之外，邢窑也曾烧造少量的青瓷、黑瓷和黄瓷。

越窑是中国古代南方著名的青瓷窑系，窑址位于现在浙江省宁波市、绍兴市一带，因这一带属越州管辖，因此

第六章　中国古代著名瓷窑

得名。唐代诗人陆龟蒙所写《秘色越器》诗中称："九秋风露越窑开，夺得千峰翠色来。"可见当时越窑青瓷的精美。所谓的"秘色瓷"，指的正是越窑青瓷中的精品。

早在商周时期，越窑就已经在烧造原始陶器。东汉时期，越窑创烧出成熟的青瓷。三国、西晋时，越窑的制瓷业得到了发展。东晋、南朝时，受战乱影响，繁荣发展的越窑青瓷衰落下来。唐代时，越窑青瓷又逐步复苏，后名冠天下，引来周边众多窑场仿烧，形成了庞大的越窑窑系。根据器型和风格的演变，唐代越窑可分为初唐时期和中晚唐时期两个阶段。

初唐时期，越窑窑场数量还比较少，瓷器器型较为单一，常见的有盅、壶、碗等。瓷器的风格基本沿袭前代，胎质粗糙疏松，胎色灰白，釉色青黄，胎、釉结合不紧密，釉层易剥落。

中晚唐时期，随着越窑窑场数量的增加，瓷器的器型也更为丰富，常见的有碗、盘、罐、盒、水盂、瓯杯、罂瓶、执壶等。与此同时，瓷器的质量也得到了很大的提升，胎质变得细腻致密，胎色呈灰色、淡灰色至淡紫色，釉色呈黄色或青中泛黄，胎、釉结合紧密，釉层剥落的现象几乎消失。

　　五代时期，越窑依旧兴盛，出产的瓷器基本延续了晚唐风格。到了北宋中期，越窑日渐衰落。南宋初期，朝廷征烧祭器和生活用瓷，使得濒临消亡的越窑一度起死回生，出现了短暂的繁荣期。但好景不长，自南宋朝廷在临安设立官窑，专烧宫廷用瓷后，越窑逐渐停烧，最终消失在历史的长河之中。

三、哥窑与定窑

哥窑和定窑都位属宋代五大名窑之列。哥窑烧造历史较短,尚未发现具体窑址,目前学术界普遍认为哥窑是一处宋代官办瓷窑。定窑烧造历史较长,始烧于唐代,兴盛于北宋时期,至金、元时期逐渐衰落。这两处窑场在中国瓷器史上都有着举足轻重的地位。

哥窑作为宋代名窑,在元代《至正直记》,明代《格古要论》《遵生八笺》《浙江通志》《春风堂随笔》,清代《博物要览》等著作中曾被多次提及。但迄今为止,我们仍未发现明确的哥窑窑址。流传下来的哥窑瓷器既不见于宋代墓葬,又与文献中描述的特征有诸多不符。因此,学术界将文献记载中浙江龙泉的窑场称为"龙泉哥窑",将出产哥窑瓷器代表的窑场称为"传世哥窑"。在这里,我们主要介绍传世哥窑。

传世哥窑瓷器全部为宫廷用瓷的式样，造型规整对称，做工精致细腻，与民窑瓷器有着明显的区别。常见的器型有盘、碗、瓶、炉、洗等，胎色有黑色、深灰色、浅灰色、土黄色。所用釉料均为不透明的乳浊釉，釉色以灰青为主，兼有粉青、月白、油灰、青黄等色。釉面有大小相间的纹片，纹线染色后黑黄相间，有"金丝铁线"之称。部分黑胎厚釉青瓷器口沿处釉层较薄，灰黑泛紫，圈足无釉处呈铁红色或铁黑色，有"紫口铁足"之称。

定窑是继唐代邢窑之后兴起的河北名窑，主烧白瓷，兼烧黑釉瓷、绿釉瓷、酱釉瓷等。窑址在现在河北省保定市曲阳涧磁村、野北村及东燕川村、西燕川村一带，唐宋时期属定州管辖，因此得名。金代末年刘祁所著《归潜志》中称："定州花瓷瓯，颜色天下白。"可见当时定窑白瓷产量之大，品质之精。

唐代时，定窑主烧白瓷、黄瓷，器型主要有碗、瓶、注壶等。唐代早期时，多见外壁施黄釉、内壁施白釉的碗，平底，浅腹，胎体粗糙厚重。唐代晚期

第六章 中国古代著名瓷窑

时，多见白釉碗，宽圈足，浅腹，腹壁倾斜四十五度，胎体变得细腻轻薄，内外均施白釉。五代时，定窑瓷器以白瓷为主，常见器型有唇口碗、莲花托等。

北宋时期，定窑主烧白瓷，兼有黑釉瓷、绿釉瓷、酱釉瓷、白地褐花瓷等品种。元末明初收藏家曹昭所著《格古要论》中称："（定窑瓷器）有紫定色紫，有黑定色黑如漆，土具白，其价高于白定。"其中的"紫定""黑定"，指的就是定窑烧造的酱釉瓷、黑釉瓷。

这一时期定窑瓷器的器型主要有盘、碗、盒、盏、瓶、壶、枕等。其中盘、碗由于采取覆烧的方式，器表常有芒口和泪痕。定窑瓷器的装饰手法主要为划花、刻花、印花、捏塑，常见的纹饰有莲花、牡丹、菊花、萱草等，器底常见"官""奉华""聚秀""慈福"等款识。

四、汝窑与钧窑

汝窑和钧窑都是北宋时期河南一带的名窑。汝窑始烧于唐代，兴盛于北宋，盛行时间很短。钧窑的烧造历史要长得多，始烧于晚唐，兴盛于北宋，延续至金元时期，前后七百余年。

汝窑是继定窑之后为北宋宫廷烧制贡瓷的窑场，以烧制青瓷著称。其窑址在北宋时属汝州（今河南汝州）管辖，因此得名。宋代叶寘所著《坦斋笔衡》中记载："本朝以定州白瓷器有芒，不堪用，遂命汝州造青窑器，故河北唐、邓、耀州悉有之，汝窑为魁。"可见当时汝窑青瓷品质之精。

汝窑瓷器多仿玉器、青铜器制作，造型精细规整。常见的器型有盘、碟、洗、瓶、尊、碗、盏托、水仙盆等。盘、碟、洗、碗多为圈足外卷，瓶有棒槌瓶、胆式瓶、玉壶春瓶等，尊有三足尊、出戟尊等，盏托多为六瓣花口，

第六章　中国古代著名瓷窑

水仙盆多为椭圆形。

汝窑瓷器胎体较薄,胎质细腻致密,胎色如香灰,迎光可见微红色。由于装烧时采用裹足支烧的方式,瓷器底部可见三至五个细小的支钉痕迹。器表施满青釉,釉层薄而匀净,釉质晶莹润泽。釉色以天青色为主,兼有天蓝、淡粉、粉青、月白、豆青、葱绿等色。釉面有细小的开片,根据开片纹线的形态可细分为蟹爪纹、牛毛纹、鱼子纹、柳叶纹等。

钧窑的窑址中心在今河南省禹州市八卦洞一带,禹州古称"钧州",因此得名。钧窑瓷器是在唐代花瓷的基础上发展起来的,与汝窑之间有着密切的联系,故有"钧汝不分"之说。钧窑瓷器兴盛之后,河南其他窑场以及河北、山西、内蒙古的部分窑场纷纷模仿,形成了规模庞大的钧窑窑系。

晚唐及金元时期,钧窑主要烧制民间日用瓷器,虽不乏精品,但整体质量不高。到了北宋时期,官府在八卦洞建立了御窑厂,专为宫廷烧制精品瓷器,残次品均打碎处理。因此，北宋钧窑出产的都是高档御用瓷器，代表了钧窑瓷器的最高水平。

钧窑瓷器造型规整对称，常见的器型有碗、尊、洗、炉、钵、枕、花盆、盆托等。北宋时期，宫廷流行盆景花卉，钧窑烧造的瓷器大多是花盆和盆托，较具代表性的有长方花盆、菱花口花盆、海棠式水仙盆、仰钟式大花盆、葵花式盆托等。

钧窑瓷器上使用的是一种独特的乳浊釉，釉质莹润肥厚，釉色丰富多彩，常见的有豆青、天青、天蓝、月白、葱绿、墨绿、正红、海棠红、玫瑰紫、茄皮紫等。部分瓷器在干燥或初烧时釉层出现裂痕，高温烧制时融化的釉汁又填充、覆盖了这些裂痕，在器表形成了独具特色的"蚯蚓走泥"纹，具有别样的装饰效果。

五、磁州窑与耀州窑

磁州窑和耀州窑都是宋金元时期的著名瓷窑。磁州窑始烧于北宋中期，兴盛于宋、金、元三代，衰落于明代。耀州窑始烧于唐代，兴盛于北宋中晚期至金代，衰落于元代。这两处窑场都对当时的制瓷业产生了广泛影响，在中国瓷器史上占有重要地位。

磁州窑是北方地区著名的民间瓷窑，窑址位于现在的河北省邯郸市磁县观台镇及峰峰矿区彭城镇一带，宋代时属磁州管辖，因此得名。磁州窑出产的瓷器色彩丰富，纹饰清新，一度成为北方民间用瓷的主流，引来河南、山西、陕西、江西等地众多窑场仿烧，形成了庞大的磁州窑系。

北宋时期，磁州窑的瓷器以白瓷、黑瓷、白地釉下黑彩瓷、白地釉下褐彩瓷为主，器型有盆、碗、瓶、罐、缸、枕等，其中以花瓷枕最为著名。这些瓷器的胎体较为粗糙厚重，胎色有灰白、灰褐、黄灰等颜色。为了让成品更加美观，瓷艺匠人大量使用黑、白、酱、绿等多种颜色的化妆土，有效提高了瓷器表面的光洁度，堪称"粗瓷细作"的典范。

这个时期，磁州窑瓷器主要的装饰手法有刻花、划花、剔花、绿斑、褐斑及珍珠地划花等。纹饰内容方面，既有寓意吉祥的传统动物纹、植物纹，又有很多贴近现实生活、富有乡土气息的题材，风格清新活泼，深受劳动人民喜爱。

金元时期，磁州窑的瓷器在继承北宋风格的同时又有所发展。金代时，磁州窑的瓷艺匠人又利用彩绘技法制作出呈色鲜艳的红绿彩瓷器。元代时，磁州窑的生产规模进一步扩大，出现了较多大型瓷器。

耀州窑是北方青瓷的代表窑场，其窑址位于现在的陕西省铜川市黄堡市一带，北宋时属耀州管辖，因此得名。

耀州窑的瓷器纹饰精美，风格活泼，曾引来河南、广东、广西等地众多窑场的模仿，形成了庞大的耀州窑系。

唐代时，耀州窑烧制的瓷种较为繁杂，有白釉、黑釉、黄釉、青釉、花釉、素地黑彩、白釉黑彩、白釉绿彩、白釉褐彩、青釉釉下白彩、黑釉剔花填白彩等，但品质并不高。唐末至五代时期，耀州窑受越窑影响转为主烧青瓷，瓷器的品质才日益提升。

北宋时期，耀州窑形成了独特风格，以烧青瓷为主，兼有白釉、黑釉、酱釉等。器型以碗、盘、碟、瓶、罐、盒、炉为主，兼有杯、盏、钵、洗、渣斗、托炉、注子、注碗、砚台、砚滴、塑像等。北宋中晚期，耀州窑达到鼎盛，曾为宫廷烧造贡瓷。

这一时期，耀州窑瓷器胎体轻薄，胎色灰白，釉色匀净，釉薄处及圈足处常呈姜黄色。装饰技法上以刻花、印花为主，兼有划花、镂雕、贴塑等。纹饰内容有莲花、菊花、牡丹、海水、游鱼、飞鹤、博古、婴戏等。

金代时，耀州窑基本延续北宋风格，釉色翠青、姜黄，主要器型有盘、碗、盏、瓶等。元代时，耀州窑在继承前代风格的同时，也开始烧白地黑花瓷，但瓷器品质已经逐渐下降，胎体、釉质都变得粗糙，纹饰也变得简单，失去了宋金时期的风采。

六、龙泉窑与德化窑

龙泉窑和德化窑都是中国古代著名民窑。龙泉窑兴盛于南宋至元代，以烧青瓷著称。德化窑兴盛于明、清两代，以烧白瓷著称。这两处窑场都曾作为外销瓷器的主要产地，在中国瓷器发展史上占有重要地位。

龙泉窑是宋元时期中国南方最大的民间窑场，窑址位于现在的浙江省龙泉市。迄今为止，当地已经发现了上百处窑址，可见古代龙泉窑的繁盛。

北宋时期龙泉窑瓷器的器型主要有盘、碗、钵、盆、瓶、罐、执壶等，胎色为灰色或浅灰色，釉层薄而透亮，釉面有流釉和开片现象。早期胎体较厚而粗糙，釉色为淡青色。中晚期胎体变得薄而均匀，釉色为青黄色。常见纹饰有团花、菊花、莲瓣及缠枝牡丹等。

南宋是龙泉窑的发展和兴盛时期，这一时期龙泉窑的

第六章　中国古代著名瓷窑

瓷器有碗、碟、瓶、盒、炉、灯盏、渣斗、文具、塑像等多种器型，最具代表性的是鬲式炉、八卦炉、双耳瓶、堆塑龙虎盖罐。胎色有黑色、白色两种，釉层厚而浊重，釉色纯正，代表品种是粉青和梅子青。

根据胎色的不同，南宋时期龙泉窑出产的瓷器可分为白胎厚釉青瓷和黑胎厚釉青瓷两种。白胎厚釉青瓷是主流产品，胎体和釉层都较厚，胎色灰白，釉色白中泛青，足底露胎处呈赭红色，有"朱砂底"之称。黑胎厚釉青瓷是仿官窑产品，胎体较薄，釉层较厚，胎色灰黑，釉色青翠滋润，釉面多网状或鱼子状开片，也有"紫口铁足"的特征。

元代是龙泉窑的兴盛时期，这一时期龙泉窑的瓷器器型极为丰富，出现了高足杯、束颈碗、菱口盘、环耳瓶、凤尾尊、蔗段洗、荷叶盖罐、松竹梅盖瓶、动物形砚滴等许多新器型。釉色方面，主要有豆青、粉青、梅子青等。施釉手法上，或沿袭南宋风格施厚釉，釉面润泽如玉，或刻意施薄釉，露出荷叶白筋般的胎痕，形成一种独特的装饰效果，称为"出筋"。

德化窑是古代沿海地区外销瓷的重要产地之一，窑址位于现在的福建省泉州市德化县。迄今为止，当地已经发现了一百八十余处窑址。

宋元时期，德化窑主要烧制青白瓷，兼有青瓷、黑瓷。器型有盘、碗、瓶、罐、壶、缸、盒子等。纹饰以动物纹、植物纹为主。部分瓷器上有"颐草堂先生雕造功夫""后山颐草堂先生雕造功夫"等陶人款题记。

明清时期，德化窑主烧白瓷，其制品远销海外，一度成为中国白瓷的代表。明代德化窑的主要器型为炉、尊、壶、乐器、人物雕像等工艺品，釉色白润如脂。清代时德化窑的主要器型为花瓶、文具、梅花杯、八仙杯等日常用具，釉色白中透青。

七、北宋官窑与南宋官窑

官窑是宋代五大名窑之一，根据不同的时代和地域可分为北宋官窑和南宋官窑，二者均以烧制青瓷著称。北宋官窑尚未发现具体窑址，相传于北宋徽宗时期在汴京设立，至北宋灭亡时停烧。南宋官窑有两处，分别为修内司官窑、郊坛下官窑，均设于临安（今杭州），至南宋灭亡时停烧。

北宋官窑也称"旧官"，南宋顾文荐所著《负暄杂录》中记载："宋宣、政间，京师自置窑烧造，名曰'官窑'。"一些学者认为这里的"京师"指的就是汴京，即现在的河南省开封市，但既没有考古发现证明，也没有更多的文献支持。另一些学者认为"京师"只是代指朝廷，北宋官窑并不设在汴京，但这种论断也缺乏确切的证据。

到了近代，随着研究的深入，人们发现北宋官窑在当时制瓷业中的地位、影响力与汝窑相当，出产瓷器的器型、釉彩、纹饰又与汝窑中的部分精品高度重合，因此又有学者提出，北宋官窑其实就是汝窑中的部分官办窑场。这种说法有一定的道理，但同样缺乏有力证据。

从流传下来的实物来看，北宋官窑瓷器以祭祀用具和文房用具为主，常见器型有盆、洗、炉、瓶、尊、觚等。这些瓷器普遍胎体厚重，胎色有灰白、灰褐两种。所用釉料为乳浊釉，釉质浑厚，釉色有天青、粉青、虾青、月白、油灰、鳝鱼黄等。部分瓷器釉面有大、小开片，纹线有冰裂纹和金丝铁线两种。从器底留存的痕迹来看，装烧方式有垫饼支烧和支钉支烧两种，其中垫饼支烧更为常见。

靖康之变后，宋室南迁临安，即现在的浙江省杭州市。官府先是在临安西南面的凤凰山下设窑，取名"修内司官窑"，也称"内窑"；后来又在临安南郊的乌龟山下设立新窑，取名"郊坛下官窑"。有学者认为修内司官窑就是文献中记载的"哥窑"，但缺乏有力证据。目前的主流观点，仍将修内司官窑与郊坛下官窑合称为"南宋官窑"。

南宋官窑烧造时间长达一百三十余年，在继承北宋官窑端庄浑厚风格的同时，又吸收了南方越窑、龙泉窑精致莹润的特点。南宋官窑瓷器的器型非常丰富，常见的有盘、碗、瓶、壶、尊、洗、琮等，也有仿古青铜器造型的鼎、炉、觚、彝等，风格雍容华贵，典雅庄重。

南宋官窑瓷器的胎体相比北宋官窑要轻薄一些，胎质坚实致密，胎色有灰、灰褐、黑褐、红褐等。所用釉料仍为乳浊釉，釉质大多肥厚润泽，釉色有天青、粉青、米黄、油灰等。厚釉瓷器主要靠釉色装饰，器表很少有纹饰，釉面多见大块冰裂纹开片。釉层较薄的瓷器，表面多见小开片，与哥窑瓷器上细碎的鱼子纹开片有较明显的区别。

八、景德镇窑

景德镇窑是江西省景德镇市内一系列瓷窑的统称。早在五代时期，景德镇窑就已经开始烧造青瓷和白瓷。宋代时，景德镇窑已经与各地名窑并驾齐驱。元代时制瓷业重心南移，景德镇窑越发兴盛，逐渐超越了其他地区的名窑。明、清两代，景德镇窑在众多瓷窑中独占鳌头，景德镇也因此成为真正意义上的中国瓷都。

景德镇位于江西省东北部黄山、怀玉山余脉与鄱阳湖平原的过渡地带，依山傍水，风景秀丽。东晋时，在此地设镇，因其在昌江东南，故称"昌南"，后改称"新平"。唐代天宝元年（742年），更名为"浮梁"。北宋景德元年（1004年），以宋真宗赵恒的年号"景德"将此地重新命名为"景德镇"，属浮梁县管辖。

在制瓷方面，景德镇具有得天独厚的自然条件。其所

第六章 中国古代著名瓷窑

在的浮梁县及周边的波阳、乐平、婺源、星子、余江等县都是山陵地带，蕴藏着丰富的瓷石、釉果、高岭土、耐火土等矿物。这些矿物杂质含量少，工艺性能好，是制作高级瓷器的理想原材料。同时，景德镇及其附近山林茂密，盛产优质的马尾松柴，为烧制瓷器提供了充足的燃料。

流经景德镇的昌江也为制瓷提供了许多便利，很多瓷窑就开设在昌江沿岸地区。制瓷工匠可以就近取江水淘洗瓷土，也可在江畔架设水碓，利用水流的力量来粉碎瓷石。瓷器烧制完成后，还可以顺着昌江水路运送到九江、南京、扬州等通商口岸，进而销往国内外市场，保证了景德镇窑瓷器的销路。

景德镇窑的制瓷业经历了长期的发展，不同时期有不同的特征。五代时，景德镇窑烧的是青瓷和白瓷，青瓷色调偏灰暗，白瓷色调则较为纯正，器型以盘、碗为主，兼有壶、盒、水盂等。

北宋时期，景德镇窑的瓷艺匠人在青瓷和白瓷的基础上烧出了白中透青、光润如玉的青白瓷，引来周边大批瓷窑的模仿，

景德镇窑瓷器

形成了以景德镇窑为中心的青白瓷系。同时,景德镇窑瓷器的器型也丰富了许多,常见的有杯、盘、碟、碗、瓶、钵、洗、托子、注子、注碗、灯盏、胭脂盒等。这一时期,景德镇窑在青白瓷上取得的成就,使其正式跻身于名窑之列。

元代时,景德镇窑又在卵白釉瓷、釉里红瓷和青花瓷上取得突出成就,成为瓷窑中的领头羊。明、清两代,景德镇窑瓷器不仅在釉彩和造型上变得极度丰富,在产量和质量上也得到了巨大提升,中国制瓷业逐渐形成了景德镇窑一家独大的局面。康熙至乾隆年间景德镇窑烧造的瓷器,更是代表了世界制瓷业的最高水平。